골프 퍼팅, 한 타만 줄여도 당신은 이미 싱글
굿바이 쓰리퍼팅

KANARAZU SKOA GA APPU SURU GORUFU-JYUTSU-PATA GA OMOSHIROI
YÔNI HAIRU HON
Edited by Life Expert
Copyright ⓒ 2007 Kawade Shobo Shinsha, Publishers
First published in Japan in 2007 by Kawade Shobo Shinsha, Publishers, Tokyo
Korean translation rights arranged with Kawade Shobo Shinsha, Publishers, Tokyo
through Japan Foreign-Rights Centre/ Shinwon Agency Co.

이 책의 한국어판 저작권은 신원에이전시를 통한
Kawade Shobo Shinsha, Publishers와의 독점 계약으로 도서출판 이아소에 있습니다.
저작권법에 의해 한국 내에서 보호를 받는 저작물이므로 무단전재와 무단복제를 금합니다.

골프 퍼팅, 한 타만 줄여도 당신은 이미 싱글

굿바이 쓰리퍼팅

라이프 엑스퍼트(Life Expert) 지음
장활영(SBS 골프 아카데미) 감수 | 이명희 옮김

이아소

골프 퍼팅, 한 타만 줄여도 당신은 이미 싱글
굿바이 쓰리퍼팅

초판 1쇄 발행 2011년 12월 5일
초판 3쇄 발행 2019년 1월 20일

지은이 라이프 엑스퍼트
감　수 장활영
옮긴이 이명희
펴낸이 명혜정
펴낸곳 도서출판 이아소
디자인 황경성

등록번호 제311-2004-00014호
등록일자 2004년 4월 22일
주소 04002 서울시 마포구 월드컵북로5나길 18 1012호
전화 (02)337-0446　**팩스** (02)337-0402

책값은 뒤표지에 있습니다.
ISBN 978-89-92131-52-0　13690

도서출판 이아소는 독자 여러분의 의견을 소중하게 생각합니다.
E-mail : iasobook@gmail.com

감수의 글
가장 단순하고 명쾌한 퍼팅 비법

골프를 34년간 해온 내가 가장 어렵게 느끼는 것이 퍼팅이다. 물론 처음에는 퍼팅을 쉽고 만만하게 생각했다. 그런데 골프를 할수록 퍼팅이 쉽지 않다는 것을 절감한다. 퍼팅이 얼마나 어려우면 퍼팅 한 가지를 다루는 책이 무수히 출간되겠는가.

세계 최고 선수들이 플레이하는 미국 남자 PGA 투어 중계를 해설하다 보면 최고 선수나 하위권 선수나 롱 게임에서는 그리 큰 차이를 보이지 않는다는 것을 알 수 있다. 기량 차이는 바로 퍼팅에서 온다는 것을 매 대회를 중계하면서 절실히 느끼고 있다. 어떻게 하면 어려운 퍼팅을 조금이나마 단순하게 쉽게 할 수 있을까?

그런 고민을 하던 참에 이 책을 만나게 되었다. 그동안 수많은 책을 살펴보았지만 과연 이런 책을 일반 골퍼들이 쉽게 이해할 수 있을까 궁금했다. 설사 이해했다고 해도 실전에서 기량에 보탬이 될까 의구심을 가졌다.

이 책은 수많은 퍼팅 책과 확연히 달랐다. 이 책은 복잡한 퍼팅

이론을 버리고 자신만이 할 수 있는 방법으로 퍼팅의 즐거움을 맛볼 수 있게 해준다. 또한 몇 타는 단숨에 줄일 수 있는 괜찮은 방법을 소개하고 있다.

급할수록 돌아가고 복잡할수록 단순하게 생각하라는 말이 있다. 이 책은 분명 그런 미덕을 충분히 갖추고 있다.

이 책은 일반 골퍼뿐만 아니라 주니어 선수들, 프로 지망생, 그리고 퍼팅으로 어려움을 겪고 있는 프로 선수들에게 이론에 얽매이지 않는 가장 단순하고 명쾌한 해결책을 제시해줄 것이다.

SBS 골프 아카데미 장활영

여는 글

누구나 평균 퍼트 수 30 이하가 될 수 있다

당신의 평균 퍼트 수는 몇 개입니까?

만일 36 이상이라면 이 책에서 소개하는 136개 퍼팅 노하우에서 퍼트 수를 6타 이상 줄일 수 있는 방법을, 32 이상이라면 2타 이상 줄일 수 있는 힌트를 반드시 발견할 것이다. 이 책은 평균 퍼트 수를 30 이하로 만들기 위한 방법을 모두 소개하고 있다.

사실 '평균 퍼트 수 30'은 상당히 낮은 수치다. 프로의 경우 평균 퍼트 수가 28 전후이다. 그렇다면 '30 이하는 프로와 맞먹을 만한 수준 아닌가?'라고 생각하는 사람도 있겠지만 프로는 60퍼센트 이상의 홀에서 파온한다는 사실을 잊어서는 안 된다. 파온을 하지 못하는 아마추어로서는 어프로치로 핀에 가까이 붙여야 하는 경우가 많다. 아마추어가 어프로치를 잘해 1퍼트 정도로 마치게 되면, 결국 프로보다 퍼트 수가 적다고 말할 수 있다.

퍼팅은 숏 게임과 달리 힘을 쓸 필요가 없고, 동작 역시 팔과 어깨를 시계추처럼 움직이면 된다. 아마추어는 숏 게임의 거리감이나 정확성에서는 프로에 대적할 수 없지만 퍼팅이라면 비슷하게 경쟁할 수 있을 것이다.

아마추어가 3퍼트나 4퍼트를 몇 번씩 해 평균 퍼팅 수가 36(또는 그 이상)이나 되는 이유는 무엇일까?

그 이유는 퍼팅 연습량이 결정적으로 부족한 탓도 있지만 퍼팅에 대해 너무나도 무지하기 때문이다. 자세가 나쁘거나, 스트로크 방법이 어색하거나, 라인 읽는 법이 잘못돼 있거나….

퍼팅은 감각에 크게 의존하지만 기본적인 스트로크 방법이나 라인 읽는 법은 기계적으로 익힐 수 있다. 게다가 퍼팅은 숏 게임처럼 어려운 움직임이나 난해한 공식이 있는 것도 아니므로 작은 노력으로 퍼팅 실력을 몰라보게 높일 수 있다. 독자들은 이 책을 읽으면서 그 사실을 실감할 수 있을 것이다.

퍼팅에 자신감이 붙게 되면 숏 게임이 조금 나빠도 어떻게든 잘 마무리할 수 있다는 편한 마음을 가질 수 있다. 그러면 숏 게임도 좋아진다.

이 책에서 퍼팅 기술을 하나라도 얻게 된다면 당신의 골프 실력은 급속도로 향상될 것이다. 숏 게임 실력을 연마하는 것보다 훨씬 빠르고 극적인 변화가 나타나리라고 장담한다.

라이프 엑스퍼트

차례 .... GOLF

감수의 글 **가장 단순하고 명쾌한 퍼팅 비법** 5

여는 글 **누구나 평균 퍼트 수 30 이하가 될 수 있다** 7

Round 1
다시 한 번 확인하자
퍼팅의 기본자세 잡기

어깨와 팔에 불필요한 힘이 들어가지 않는다 19

어깨, 팔, 무릎 라인을 그린 면과 평행으로 유지한다 20

어깨와 양팔로 '오각형 모양'을 만들어라 21

부드럽게 스트로크할 수 있는 '머리의 위치'를 찾아라 23

스탠스를 좁게 하면 스트로크가 부드러워진다 25

볼의 위치는 퍼터가 통과하는 최저점이다 26

볼의 위치는 '눈 바로 밑'으로 한정하지 않는다 27

양 어깨와 눈은 라인에 평행하게 28

휘어지는 라인은 스폿과 볼을 연결한 선과 평행으로 30

스탠스는 경사에 따라 32

오른손으로 퍼터 페이스를 세트한다 33

볼과 퍼터의 페이스는 딱 붙인다 35

기분만큼은 핸드퍼스트 자세를 취한다 37

롱 퍼트는 7~8미터 퍼트 때보다 상체를 더 세운다 38

빠른 그린에서는 퍼터를 매단다는 느낌으로 한다 39

Round 2

정확성이 높아진다
그립의 기본자세 잡기

그립은 양 손바닥으로 감싸듯 잡는다 43

왼손 손등은 타깃을 향한다 45

그립을 잡는 강도는 너무 약하지도 너무 강하지도 않게 47

그립의 강도는 스트로크 중에 바꾸지 않는다 48

오른손 검지를 펴면 방향성이 좋아진다 49

왼손 검지를 펴면 왼쪽 손목을 고정할 수 있다 51

양쪽 손목을 아래로 꺾으면 손목 사용이 어려워진다 53

어프로치 때와 같은 그립으로 하면 부드럽게 스트로크할 수 있다 54

숏 퍼트가 약한 사람은 크로스 핸디드 그립으로 해본다 55

Round 3

볼이 굴러 들어간다
스트로크의 기본자세 만들기

어깨와 양팔로 만드는 삼각형(오각형)을 유지한다 59

왼쪽 손등은 스트로크 중에는 완전히 고정해둔다 61

어떤 상황에서도 프리샷 루틴을 지킨다 62

연습 퍼팅은 라인에 직각으로 서서 한다 63

볼에 페이스를 맞췄다면 순식간에 스트로크를 개시한다 65

포워드 프레스를 하면 백 스트로크를 부드럽게 시작할 수 있다 67

시작 전에 퍼터의 솔을 작게 상하로 움직여본다 68

스트로크의 궤도를 너무 의식하지 않는다 69

루틴에서 임팩트까지 같은 리듬감으로 플레이한다 71

퍼팅도 어프로치도 같은 템포로 72
백 스트로크는 왼쪽 어깨를 밀고, 다운 스트로크에서 당긴다 73
단전에 기를 넣고 스트로크를 한다 75
백 스트로크는 가능한 작게 76
팔로스루는 백 스트로크의 2배 77
스트로크 중에 왼쪽 어깨는 절대 열지 않는다 78
시선과 어깨는 수직으로 움직인다 80
슬라이스 라인에서는 페이스를 열지 않는다 82
아무리 빠른 그린에서도 임팩트만은 늦추지 않는다 83
오르막 숏 퍼트는 세게 친다 84
짧은 퍼트는 볼의 브랜드 네임을 보고 친다 85
짧은 퍼트가 들어가지 않을 때는 백 스트로크를 2배로 한다 87
롱 퍼트의 스트로크는 '인 투 인' 으로 87

3퍼트와 안녕을 고한다
거리감을 익히는 기본 힌트

홀을 43센티미터 지나치게 쳐라 91
볼이 굴러가는 스피드를 떠올린다 93
거리감은 임팩트의 강도로 조절하지 않는다 94
친 다음에는 볼의 흐름을 눈에 새긴다 95
내리막이나 오르막 퍼트는 홀의 위치를 앞뒤로 이동시킨다 96
퍼팅이 짧은 날은 홀 뒤에 가상 홀을 설정한다 98
롱 퍼트에서 3퍼트 하지 않으려면 오르막 퍼트를 남긴다 99
롱 퍼트는 거리를 2~3등분하여 거리감을 익힌다 102

롱 퍼트에서는 하반신을 사용해도 된다 104
롱 퍼트에서는 스탠스 폭을 넓게 한다 105
초특급 롱 퍼트는 어프로치 샷의 이미지로 106
롱 퍼트에서는 핀을 뽑지 않는다 107
내리막의 빠른 퍼트는 그립을 단단히 잡는다 108
내리막의 빠른 퍼트는 퍼터의 토우로 친다 108
2단 그린의 1층과 2층은 모두 평평하다고 할 수 없다 110
2단 그린의 오르막은 언덕을 올라가는 스피드를 떠올린다 111
2단 그린의 내리막은 언덕 앞에서 볼을 멈출 작정으로 113
2단 그린에서는 계단 차를 거리로 대치한다 114
오전과 오후는 터치가 달라야 한다 114
비가 올 때 경사는 적게 보고, 터치는 강하게 115

Round 5
더 이상 방황하지 않는다
올바른 라인 읽기의 힌트

그린에 올라가기 전에 라인을 대강 읽어둔다 119
빗나가기 쉬운 라인과 잘 맞는 라인의 공식 120
그레인(잔디 결)을 읽는 기본 공식 121
그레인과 경사의 '이차방정식' 푸는 법 122
홀 주변 그레인을 꼼꼼하게 읽는다 124
홀을 43센티미터 오버할 만한 터치로 라인을 읽는다 126
'홀 한 개 정도 슬라이스'의 함정 128
홀의 입구는 정면으로 한정할 수 없다 129
라인은 밑에서 본다 130

라인은 높은 곳 사이의 낮은 쪽 골에서 본다 131
롱 퍼트 라인은 마지막 2미터를 꼼꼼히 읽는다 132
브레이크 포인트를 떠올린다 133
퍼터의 페이스는 스폿에 맞춘다 134
마지막으로 목표를 볼 때 머리를 들지 않는다 136
마지막으로 스폿을 봤다면 절대로 홀은 보지 않는다 137
숏 퍼트의 타깃은 작게 139
타깃을 2초 동안 응시한다 140
스트로크 중에는 볼의 뒤를 계속 주시한다 141
볼을 응시하지 말고 어렴풋이 본다 142
스네이크 라인은 라인을 역행한다 143
경사를 적게 볼지 많이 볼지는 그날의 컨디션으로 145
어차피 빗나갈 것이라면 '프로 라인'으로 147
라인 읽는 일에 너무 신경 쓰지 않는다 149

Round 6

프레셔에 지지 않는다
멘탈 강화를 위한 힌트

어떤 퍼트도 쉽지 않다는 생각으로 153
'3퍼트 하지 않겠다'가 아닌 '반드시 넣겠다'는 생각으로 154
3퍼트를 하더라도 자책하지 않는다 156
중심에 맞추는 데만 집중한다 157
숏 퍼트에 최대한 집중한다 158
평상시에도 나이스 퍼트 장면을 떠올린다 160
퍼팅을 하기 전에 자신에게 말을 건다 161

맨 처음 3홀은 '저스트 터치'를 하도록 노력한다 162
최초의 숏 퍼트만은 강하게 친다 163
1미터 퍼트라도 라인 상의 중간점을 찾는다 164
먼저 해서 좋을 때와 나쁠 때 165
파 퍼트는 보기 퍼트라고 생각하라 166
퍼팅에 대한 타인의 의견은 무시한다 167
흥분되는 퍼트는 홀의 왼쪽을 노려라 169
퍼팅에 대해 고민하지 않는다 170
'내가 세상에서 가장 퍼팅을 잘하는 사람'이라고 자만하라 171

Round 7

점점 실력이 좋아진다
올바른 연습법을 위한 힌트

① 라운드 전 연습 그린

연습 그린의 첫 퍼팅에 모든 신경을 집중한다 175
'빠르다' '느리다' 라는 동료의 의견은 무시한다 176
연습 그린에서 '오늘의 5미터' 터치를 만든다 177
연습 그린은 끝을 사용한다 178
퍼터로 풀샷을 했을 때의 거리를 확인해둔다 178
한 번 칠 때마다 타깃을 바꾼다 180
연습 그린에서도 루틴을 지킨다 182
연습 그린에서는 홀을 겨냥하지 않는다 183
연습 그린에서는 볼을 한 개만 사용한다 184
연습 그린의 타깃은 작게 185
연습 그린의 마무리는 숏 퍼트의 '연속 컵인' 186

② 스트로크가 좋아지는 연습

롱 퍼트와 숏 퍼트를 번갈아 친다 187

오르막 1컵 훅 라인을 반복해서 친다 189

그립 엔드를 배꼽에 붙이고 연습 스윙을 한다 190

백 스트로크 없이 스트로크를 한다 192

왼손만으로 스트로크를 하면 방향성이 좋아진다 193

'티펙 게이트'를 통과시킨다 194

2개의 볼을 동시에 친다 196

오른손만으로 스트로크를 한다 197

헤드업 방지를 위해 티펙을 꽂는다 198

왼쪽 눈을 감고 스트로크를 한다 200

③ 거리감과 터치가 좋아지는 연습

거리감을 갖는 스타일을 알아낸다 201

같은 거리를 반복해서 친다 202

거리를 말하면서 스트로크를 한다 203

볼이 아닌 타깃을 보면서 스트로크를 한다 204

스트로크를 한 순간에 결과를 예상한다 204

강한 퍼트와 저스트 터치 퍼트를 반복한다 205

④ 집에서 할 수 있는 연습

퍼터 가운데로 볼을 치는 연습 207

벽에 머리를 대고 스트로크를 한다 208

거울 앞에서 스트로크를 한다 208

질리지 않는 연습기구를 사용한다 210

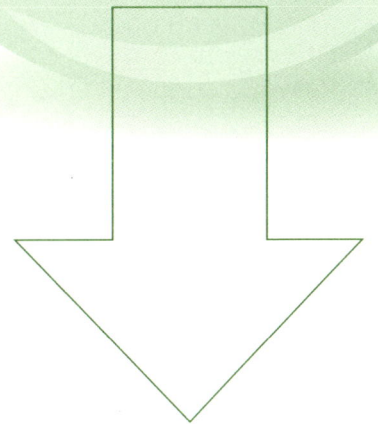

Round 1

| 다시 한 번 확인하자 |

퍼팅의 기본자세 잡기

어깨와 팔에 불필요한 힘이
들어가지 않는다

▶

골프 세계에서는 옛날부터 '퍼팅에 스타일은 없다' 라는 말이 있다. 퍼팅 자세가 어떠해야 한다는 정설은 없다는 의미다. 엉거주춤한 자세든 새우등 자세든, 스트로크 궤도가 아웃 투 인이든 인 투 아웃 이든, 중요한 것은 임팩트할 때 퍼터 페이스가 볼과 스퀘어로 맞고, 타깃 방향으로 예상한 스피드로 굴러가기만 하면 그 자세는 '좋은 자세' 다.

그러나 어떤 자세건 재현성이 높지 않으면 안정된 퍼팅을 기대할 수 없다. 안정된 퍼팅을 위해서는 지켜야 할 기본이 있다.

퍼팅 자세에서 지켜야 할 기본은 '결과' 를 살펴보면 잘 알 수 있다. 퍼팅의 목적은 타깃 방향으로 예상한 스피드로 볼을 굴리는 것인데, 그러기 위해서는 무엇보다 스트로크를 유연하게 해야 한다. 임팩트 시 힘이 들어가거나, 자세가 흐트러지면 유연한 스트로크라고 말할 수 없다. 이런 자세로는 거리감이나 방향성도 나빠진다.

유연하게 스트로크를 하기 위해서는 어깨와 팔에 쓸데없는 힘이 들어가지 말아야 한다. 팔꿈치를 구부리든 안 구부리든 아무 상관 없다. 어쨌든 중력을 거스르지 않고 진자처럼 자연스럽게 팔이 흔들려야 한다. 이것이 자연스러운 스트로크인데, 이 자세를 만들기 위해서는 절대로 어깨나 팔에 힘이 들어가서는 안 된다.

어깨, 팔, 무릎 라인을 그린 면과 평행으로 유지한다

▶

똑바로 선 채 퍼팅을 하는 골퍼는 한 사람도 없다. 팔을 움직이기 위해서는 그럴 만한 공간이 필요하고, 상체를 앞쪽으로 기울여야 하기 때문이다.

이때 앞으로 기울이는 각도에는 정답이 없다. 잭 니클라우스처럼 허리부터 90도 가까이 상체를 구부리는 골퍼도 있고, 타이거 우즈처럼 허리를 세우는 골퍼도 있다. 신체에 불필요한 힘을 주지 않고 자연스러운 스트로크를 하기 위해서는 무릎도 조금 구부리는 게 자연스럽지만, 무릎을 구부리는 자세도 골퍼에 따라 천차만별이다.

상체 각도나 무릎을 구부리는 정도에 관계없이 퍼팅을 잘하는 사람들에게는 공통점이 있다. 어깨, 허리, 무릎 라인이 그린 면과 평행이라는 점이다. 처음부터 어깨 라인이 왼쪽으로 기울어져 있으면 다운블로가 되기 쉽다. 이렇게 되면 볼의 구르기가 일정하지 않고 방향성도 나빠진다.

가끔 퍼터의 샤프트를 무릎, 어깨 라인에 대고 그린 면과 평행이 되었는지 체크해보자. 의식하지 않더라도 항상 그런 자세를 취할 수 있게 되면 퍼팅 성공 확률이 훨씬 높아진다.

어깨와 양팔로 '오각형 모양'을 만들어라
▶

퍼팅하는 방법으로 '어깨와 양팔로 만드는 오각형을 무너뜨리지 말고 스트로크하라.'라는 조언이 있다.

여기서 '오각형'이란 퍼터를 잡을 때 양쪽 팔꿈치를 구부려서 퍼팅하는 자세를 말한다. 양쪽 팔꿈치를 구부리면 어깨와 팔로 야구의 홈 베이스 같은 오각형이 만들어진다. 이 스타일에서는 퍼터를 늘어뜨리는 기분으로 잡게 된다.

최근에는 미국을 중심으로 어깨와 양팔의 각도를 '삼각형' 자세로 취하는 프로도 늘어나고 있다. 대표적인 선수가 필 미컬슨이다.

그는 양팔을 거의 똑바로 내린 상태로 퍼터를 잡는다. 팔을 내린 만큼 퍼터의 샤프트는 짧아진다. 그는 32인치의 짧은 퍼터 샤프트를 사용하고 있다.

양쪽 팔꿈치를 구부리고 퍼터를 늘어뜨리는 자세로 긴 샤프트 퍼

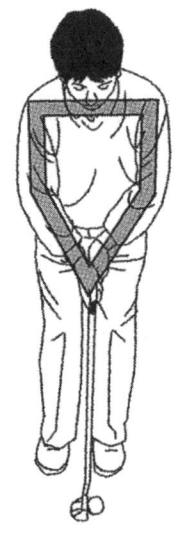 

터를 사용하는 게 좋을까, 아니면 양팔을 뻗어서 짧은 샤프트 퍼터를 사용하는 게 좋을까?

   퍼팅은 감각에 의존하는 부분이 많기 때문에 어느 자세가 정답이라고는 말할 수 없다. 어쨌든 자신의 스타일을 정했다면 그 형태를 무너트리지 않는 것이 중요하다.

부드럽게 스트로크할 수 있는
'머리의 위치'를 찾아라

▶

퍼팅의 스트로크에도 스윙과 마찬가지로 축(중심선)이 있다. 목 언저리부터 등뼈→꼬리뼈에 걸쳐져 있는 라인인데, 이 축을 중심으로 양 어깨를 세로로 움직이는(백 스트로크에서는 왼쪽 어깨가 내려가고, 오른쪽 어깨가 올라간다. 다운 스트로크에서는 오른쪽 어깨가 내려가고 왼쪽 어깨가 올라간다) 것이 가장 일반적인 시계추 식 스트로크이다.

여기서 중요한 것은 머리의 위치이다. 머리는 무게가 6킬로그램 정도나 되고, 위치가 조금이라도 바뀌게 되면 스트로크 궤도가 크게 달라진다.

퍼팅 스트로크는 '똑바로 당기고 똑바로 내보내는 것'이 기본이지만(엄밀히 말하자면 인사이드로 당겨주고 인사이드로 빼지만, 이미지는 '똑바로~'라는 표현이면 된다), 이 동작이 잘 되지 않을 때는 머리의 위치를 조금 바꿔보자. 볼을 오른쪽으로 밀어 치는 버릇이 있는 사람은 머리(축)를 조금 왼쪽으로 옮긴다. 반대로 왼쪽으로 당겨 치는 버릇이 있는 사람은 머리를 조금 오른쪽으로 옮기면 축의 위치가 바뀌어 부드럽게 '똑바로 뒤로 당겼다가 똑바로 내보낼' 수 있을 것이다.

머리의 위치를 바꿔도 부드럽게 스트로크하기 어려울 때는 어깨의 위치를 조금 바꾸거나, 중심을 높게 하거나 낮게 해본다. 자연스

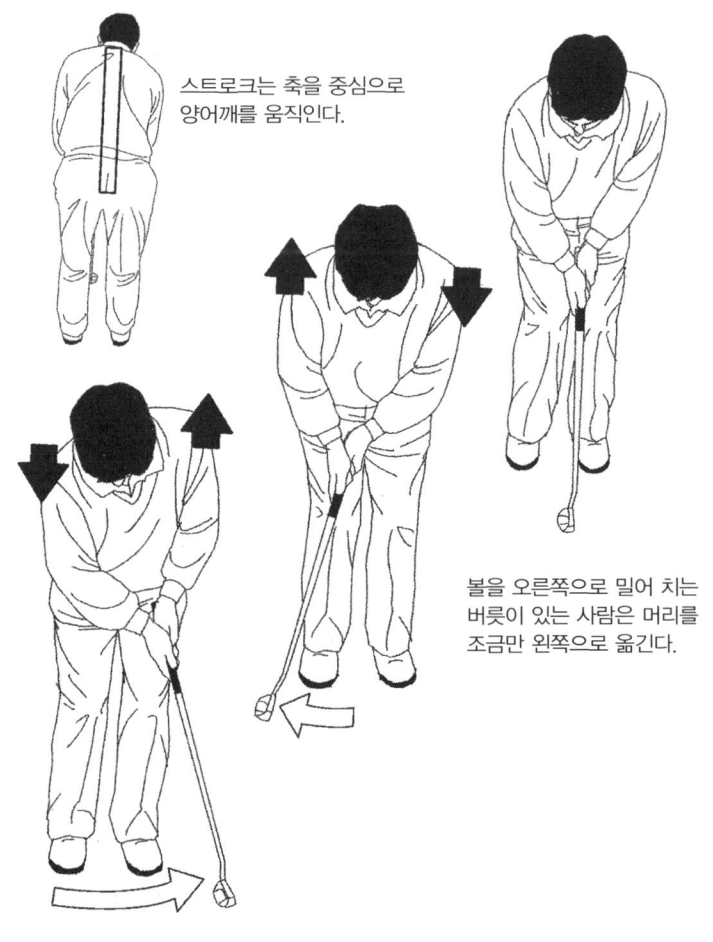

럽게 서서 부드럽게 스트로크하는 자세는 결국 본인이 스스로 찾아낼 수밖에 없다.

스탠스를 좁게 하면
스트로크가 부드러워진다

▶

부드럽게 스트로크하기 위해서는 스탠스 넓이도 신경을 써야 한다.

어느 정도 거리가 필요한 샷의 경우 드라이버를 칠 때와 같이 스탠스를 넓게 하지만 거리가 짧아질수록 스탠스 폭이 좁아진다. 전자는 하반신을 안정시킬 필요가 있기 때문이고, 후자는 스탠스를 좁게 해야 몸이 회전하기 쉽고 미묘한 거리 조정을 할 수 있기 때문이다(가령, 스탠스를 넓게 벌린 상태에서 10야드의 어프로치 샷을 하려고 하면 손으로만 치게 되고, 이 경우 더프(뒤땅)나 타핑 등의 실수를 범하게 된다).

퍼팅의 경우도 방식은 어프로치와 마찬가지다. 드라이버처럼 두 발을 넓게 벌리거나 체중 이동을 할 필요가 없기 때문에, 퍼팅 스탠스는 넓게 할 필요가 없다. 실제로 스탠스가 좁은 쪽이 불필요한 힘이 들어가지 않아 부드럽게 움직인다.

최근에 스탠스를 좁게 하는 프로가 늘고 있는데, 이것은 그린의 속도와도 관계가 있다. 빠른 그린에서는 스트로크를 크게 하는 경우가 좀처럼 없는데, 미묘한 터치가 요구되는 퍼팅이 많기 때문이다. 이를 위해서는 스탠스가 좁은 편이 터치를 하기 쉽다.

또한 스탠스를 좁게 하면 눈의 위치가 높아지고 라인 읽기가 쉬워지는 장점도 있다.

퍼팅을 잘하는 프로의 스탠스 넓이는, 양쪽 발뒤꿈치 사이가 구두 폭(신발의 가로 사이즈) 한두 개 정도이다. 부드럽게 스트로크할 수 없는 사람은 여러 가지를 시도해보고 자신에게 가장 적합한 스탠스 폭을 찾아내는 것이 좋다.

볼의 위치는
퍼터가 통과하는 최저점이다
▶

지금까지 부드럽게 스트로크할 수 있는 자세에 대해 알아보았다. 그렇다면 볼의 위치는 어디가 가장 좋을지 생각해보자.

사실 자세가 결정되면 볼의 위치도 자동으로 결정된다. 그 자세로 스트로크했을 때 퍼터의 헤드가 최저점을 통과하는 장소. 그곳이 바로 볼이 있어야 할 위치이다.

나에게 가장 적합한 볼의 위치를 알아내기 위해서는,

1. 볼이 없는 곳에서 연습을 한다.
2. 최저점을 통과하는 이미지를 떠올리며 실제로 볼을 놓고 스트로크를 해본다.
3. 볼의 위치를 다양하게 바꿔보면 퍼터의 중심이 최저점을 통과하는 장소가 곧 볼을 놓는 정확한 위치임을 알 수 있다.

결국 더 자연스럽게 스트로크할 수 있는 위치에 볼이 오도록 스탠스를 정하는 것이 정답이다.

볼의 위치는 '눈 바로 밑'으로 한정하지 않는다

▶

퍼팅을 할 때 볼이 올바른 위치에 세팅되어 있는지를 확인하는 방법으로, 양쪽 눈 사이로 볼을 낙하시켜 보는 방법이 있다. 낙하시킨 볼이 그린에 놓여 있는 볼을 맞추면 볼이 눈 바로 밑에 있는 것이다. 이 위치가 가장 좋다고들 하는데, 실은 눈 바로 아래가 올바른 볼의

양쪽 눈 사이에서
볼을 떨어뜨린다.

양쪽 눈 사이에서 약간 왼쪽,
몇 센티미터 바깥에 볼을 두는 프로가 많다.

위치라고 말할 수는 없다.

미국에서 활동하는 프로 골퍼들의 볼의 위치를 조사해본 결과 대부분 왼쪽 눈 바로 아래 몇 센티미터 바깥이었다.

볼의 위치가 왼쪽 눈 바로 아래 있으면 양쪽 다리의 가운데보다 왼쪽 다리 쪽에 조금 가깝게 된다. 그곳에 볼을 놓는 프로가 많다는 것은 그쪽이 팔로스루(follow-through)를 하기 쉽기 때문이다.

또한 '몇 센티미터 바깥' 인 이유는 그곳이 라인을 읽기 쉽기 때문이다.

'눈 바로 아래' 인지 '바로 아래에서 몇 센티미터 바깥' 인지는 개개인의 감각에 따라 다르겠지만 '눈 바로 아래에서 몸쪽' 에 볼을 세팅하는 일만은 피하는 것이 좋다.

볼을 몸쪽에 놓으면 라인을 읽기가 어려울 뿐 아니라 스트로크가 부자연스러워지거나 똑바로 당기고 똑바로 내보내기도 어려워진다.

양 어깨와 눈은
라인에 평행하게
▶

자세도 볼의 위치도 다 괜찮은데 퍼팅이 생각한 방향으로 굴러가지 않는다면, 다음과 같은 원인을 생각해볼 수 있다.

1. 몸의 방향이 올바르지 않다.
2. 스트로크 궤도가 잘못됐고, 볼을 스퀘어로 치지 못한다.

3. 퍼터 페이스 방향이 올바르지 않다.

2와 3에 대해서는 나중에 설명하도록 하고, 아마추어 골퍼에게 가장 흔한 경우는 1번이다. 숏 게임에서도 목표 지점으로 정확히 볼을 보내는 것이 어려운 일이지만, 짧은(몇 미터) 거리의 퍼팅이라도 홀에 정확히 집어넣는 일은 의외로 어렵다.

몸의 방향은 설정한 라인에 평행하게 맞추는 것이 기본이다.

오픈 스탠스 쪽이 라인을 보기 쉽고 부드럽게 스트로크할 수 있다는 골퍼도 있지만 그래도 양 어깨를 이은 선이 라인과 평행해야 한다. 왜냐하면 스트로크 궤도는 양 어깨를 연결한 선에 따라 결정되기 때문에 이 선이 라인과 평행하지 않으면 결코 원하는 지점으

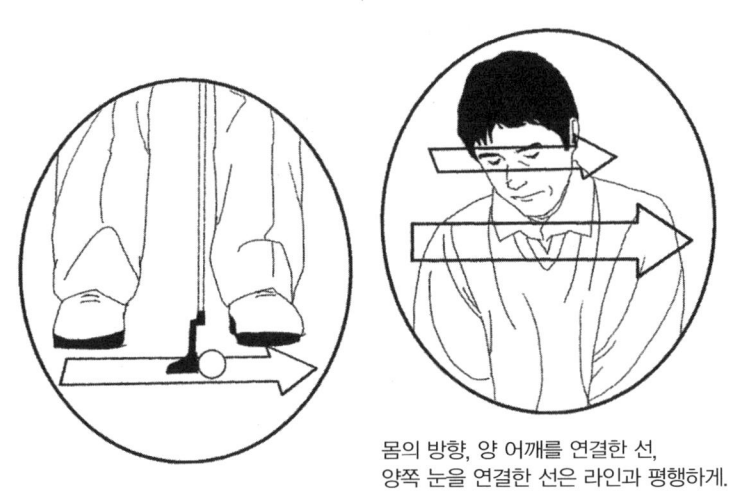

몸의 방향, 양 어깨를 연결한 선,
양쪽 눈을 연결한 선은 라인과 평행하게.

로 볼을 보낼 수 없다.

 또한 양쪽 눈을 연결한 선도 라인과 평행해야 한다. 라인을 확인할 때는 목의 각도를 유지하면서 얼굴을 돌려 목표 방향이나 라인을 확인한다. 이때 양쪽 눈을 연결한 선이 라인과 평행하면 별 문제 없이 스트로크할 수 있다.

휘어지는 라인은 스폿과 볼을
연결한 선과 평행으로
▶

양 어깨가 라인과 평행이 되었다면 다음은 스탠스의 방향이다. 물론 스탠스 역시 라인과 평행하게 맞추는 것이 기본이다. 라인이 직선이라면 라인과 평행하게 서는 것은 그렇게 어렵지 않다. 문제는 라인이 곡선인 경우이다.

 라인을 설정할 때 대부분의 골퍼는 볼 뒤쪽에서부터 홀을 보고 라인을 정한다. 문제는 그다음이다. 라인이 결정됐다면, 라인을 그린에 직접 분필 같은 도구로 그릴 수 있을 정도로 명확하게 인식해야 한다. 머릿속에 라인이 명확하게 각인되어 있지 않으면 라인에 평행하게 서기가 쉽지 않다.

 라인의 이미지를 명확하게 그릴 수 있다고 가정하고, 곡선 라인인 경우는 어떻게 스탠스 방향을 정하면 좋을까?

 이때 볼과 브레이크 포인트(곡선의 정점)를 연결한 라인과 평행으

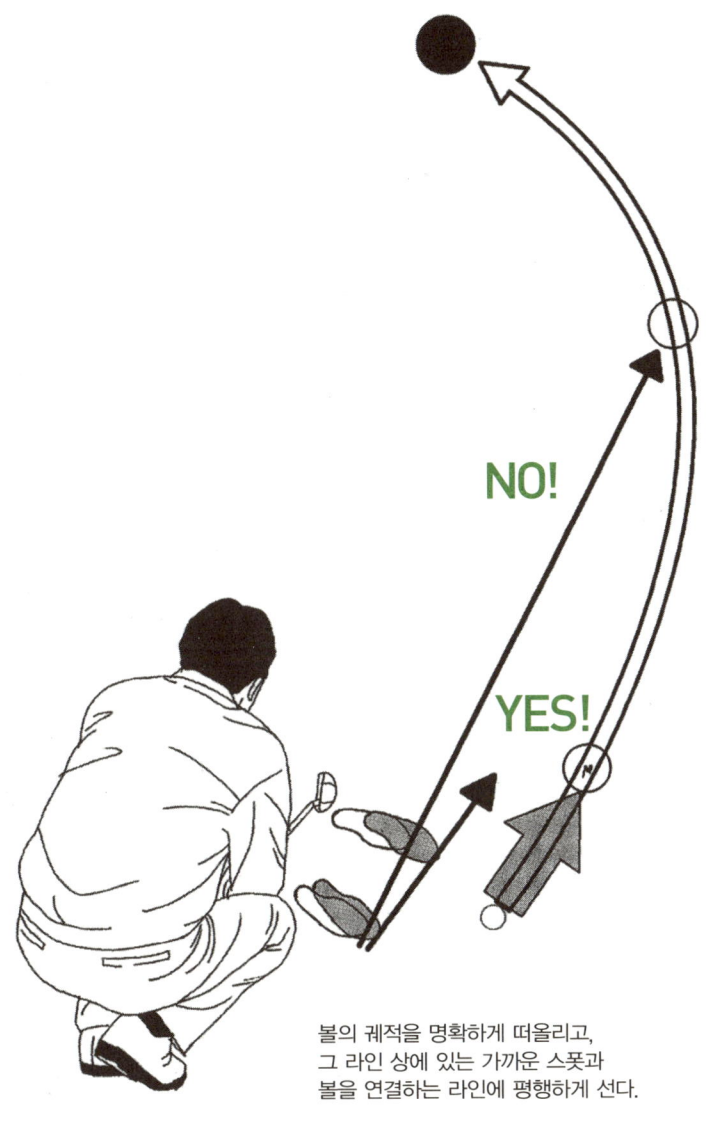

볼의 궤적을 명확하게 떠올리고, 그 라인 상에 있는 가까운 스폿과 볼을 연결하는 라인에 평행하게 선다.

로 서는 골퍼가 많다. 잘못된 방법이다. 올바른 방법은 볼과 가까운 목표물(스폿)을 연결한 라인과 평행으로 서야 한다.

아무리 휘어지는 라인일지라도 볼을 치면 잠시 동안은 볼의 기세로 똑바로 굴러간다. 볼이 꺾일 것으로 예상하고 스트로크를 하여 볼이 똑바로 진행하다가 처음으로 꺾이는 지점이 스폿이다. 그 스폿을 겨냥하여 볼을 치지 못하면 라인 읽기가 잘못되었든지 터치가 잘못되었든지 둘 중 하나이다. 서는 방법만이 문제가 아니다.

스탠스는 경사에 따라

▶

어떤 그린에도 경사는 있다. 훅(왼쪽으로 휘는) 라인이라면 플레이어 정면에 가볍고 완만한 오르막이 있고, 슬라이스(오른쪽으로 휘는) 라인이라면 완만한 내리막 경사면이 있다.

경사면에서도 자세나 타법은 다르지 않다. 다만 실수하기 쉬운 것이 볼의 위치다.

볼을 눈 바로 아래에 두는 습관이 있는 사람이 완만한 오르막에서 볼을 눈 바로 밑에 세트하려고 하면 실제로는 라인보다 안쪽에 놓게 된다. 반대로 완만한 내리막에서 볼을 눈 바로 밑에 세트하려고 하면 라인보다 바깥쪽에 놓게 된다.

이런 경우 눈과 볼을 연결한 선이 그린과 수직이 되는 지점에 볼을 놓아야 한다. 즉, 완만한 오르막이라면 볼은 눈 바로 아래보다는

완만한 오르막이라면
볼은 눈 바로 아래보다 바깥에.

완만한 내리막이라면
볼은 눈 바로 아래보다 안쪽에.

바깥, 완만한 내리막이라면 눈 바로 아래보다 안쪽에 세트하는 것이 정답이다.

오른손으로
퍼터 페이스를 세트한다

자세도 스탠스 방향도 볼의 위치도 모두 괜찮은데 볼이 생각한 방향으로 굴러가지 않는다면 남은 원인은 두 가지다.

앞에서 말했듯이 스트로크 궤도가 잘못되었을 수도 있고, 퍼터의 페이스가 정확히 목표방향으로 세트되지 않았을 수도 있다. 여기서는 후자를 교정하는 방법을 소개한다.

퍼터의 페이스를 목표방향으로 정확히 세트하려면 오른쪽 손바닥과 페이스가 같은 방향으로 향하게 하고 오른손 하나로 퍼터를 쥐고, 페이스와 목표(스폿)를 연결한 선이 스퀘어가 되도록 세트한다.

오른손 하나로 페이스를 세트하는 이유는 자주 사용하는 손으로 세트하면 더 정확하게 할 수 있기 때문이다(왼손잡이는 왼손으로 세트

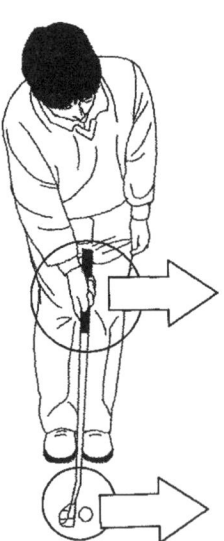

목표방향에 대해,
오른손 손바닥과 페이스를
같은 방향으로 향하도록 세트한다.

해도 된다).

다음은 임팩트 시 퍼터의 페이스가 어드레스했을 때와 달라지지 않도록 의식하고 스트로크하는 일만 남았다. 처음 시도할 때는 제3자에게 퍼터의 페이스가 정확히 목표방향을 향하고 있는지 확인해 달라고 하는 것이 좋다.

볼과 퍼터의
페이스는 딱 붙인다
▶

동서고금을 막론하고 모든 프로 골퍼가 퍼팅 방법에 대해 이구동성으로 '중심에 맞춘다.' 라고 말한다.

퍼팅에서 가장 중요한 것은 거리감이지만 이 거리감도 '중심에 맞췄을 때 거리를 논할 수 있다.' 라는 사실이 전제가 된다. 즉, 퍼팅에서 페이스 중심에 볼을 맞출 수 없는 골퍼는 터치나 방향성을 운운하기 이전에 정확히 중심에 맞추는 연습을 할 필요가 있다.

말은 이렇게 하지만, 프로 골퍼라도 실전에서는 중심을 빗나가는 일이 종종 있다. 흔한 이유가 정신적인 압박(프레셔)이지만 기술적인 이유도 있다.

이는 지극히 단순한 이야기이다. 퍼터의 페이스를 볼에 맞출 때 볼과 페이스가 몇 센티미터라도 떨어져 있으면 중심에 맞추기가 어려워진다.

퍼터의 중심(스위트 스폿)은 생각보다 작고 궤도가 1센티미터라도 어긋나면 가운데를 빗나가게 된다. 이렇게 되면 공의 구르기가 좋지 않은 일명 '죽은 볼'이 돼버린다.

중심에 맞추기 위해서는 셋업을 할 때 볼과 페이스가 완전히 밀착되도록 딱 맞춰야 한다. 그 정도로 스트로크 궤도가 어긋나기 쉽다는 의미이다.

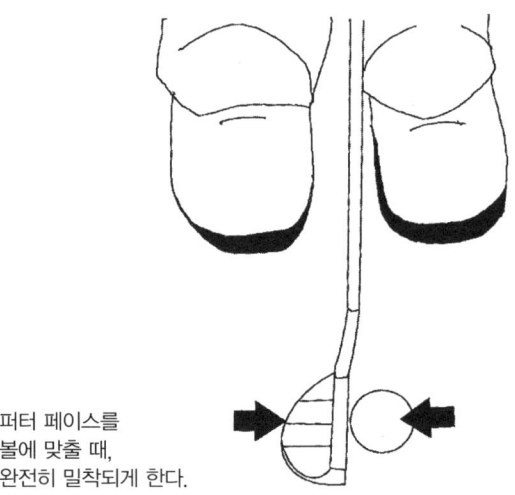

퍼터 페이스를
볼에 맞출 때,
완전히 밀착되게 한다.

기분만큼은
핸드퍼스트 자세를 취한다

프로 골퍼의 퍼팅 폼을 보고 있으면 양팔과 퍼터가 '완전한 Y자'가 되는 사람은 좀처럼 드물다.

대부분 그립의 위치는 약간 왼쪽 넓적다리 쪽에 가깝다. 즉, 샤프트 한두 개분 핸드퍼스트(샤프트를 조금 왼쪽으로 기울인 자세)로 한다.

이렇게 하는 데는 3가지 이유가 있다.

1. 퍼터 구조상의 이유로 퍼터 솔(sole, 밑바닥)을 지면에 딱 붙이

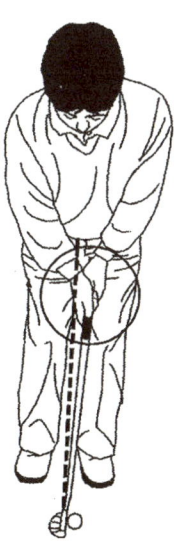

그립의 위치는
샤프트 1~2개분
왼쪽 허벅다리 쪽에 가깝게.

면 샤프트가 조금 왼쪽으로 기울어지게 돼 있는 것이 많다.

2. 약간 핸드퍼스트 자세를 취하면 부드럽게 헤드를 목표방향으로 내보낼 수 있다.

3. 스트로크 중에는 손목의 각도를 유지하는 것이 중요하지만 핸드퍼스트 기분으로 자세를 잡으면 왼쪽 손목이 고정되어 퍼터의 페이스와 일체감이 든다.

'포워드 프레스'라 하여 먼저 그립을 왼쪽으로 밀어내면서 퍼팅 스트로크를 시작하는 방법이 있다. 이것도 부드럽게 스트로크하기 위한 방법으로 처음부터 핸드퍼스트 기분으로 자세를 잡는 것과 이치는 마찬가지다.

퍼터의 샤프트가 애당초 왼쪽으로 조금 기울어져 있는 것도 그 편이 스트로크하기 쉽다는 것을 퍼터 설계자가 알고 있기 때문일 것이다.

롱 퍼트는 7~8미터 퍼트 때보다 상체를 더 세운다

▶

숏 퍼트는 물론, 7~8미터 퍼트는 기본적으로는 '성공하는 퍼트'로 정한다. 나중에 설명하겠지만 스트로크도 기계적으로 실행할 필요가 있다.

그러나 7~8미터 이상 거리가 남아 있는 롱 퍼트는 스트로크를 너무 기계적으로 생각하면 중요한 거리감을 알지 못하게 된다. 롱 퍼트는 골퍼의 감을 가장 잘 시험해볼 수 있는 퍼트이다.

거리감을 갖기 위해서는 상체를 숙이는 각도를 7~8미터 퍼트보다 세워서 하는 편이 좋다. 이렇게 하면 홀까지의 거리나 라인을 측정하기 쉽고 '이 정도 스트로크 폭으로 치면 OK 받을 수 있을 것'이라는 느낌을 갖기 쉽다.

또한 상체를 숙이는 각도를 적게 하면 팔도 흔들기 쉽다. 일반 골퍼는 롱 퍼트를 할 때 홀에 못 미치게 치는 일이 많은데, 이렇게 하면 그런 실수도 줄어든다.

빠른 그린에서는
퍼터를 매단다는 느낌으로 한다

▶

짧은 어프로치에서 아이언 중심에서 빗나가 생각만큼 거리가 나지 않을 때, '지금 친 공은 약하게 쳤다.'라고 느끼는 경우가 있다.

퍼팅에서도 프로들은 '약하다' '강하다' 라는 말을 한다. 예를 들면 빠른 그린에서는 일부러 '공을 약하게 맞혀' 공의 기세를 죽이고, 느린 그린에서는 '강하게 맞혀' 볼의 회전에 힘을 실어준다.

하지만 스트로크의 폭을 바꾸거나 공을 칠 때 힘 조절을 바꾸거나 하지는 않는다. 그린이 빠를 때는 퍼터를 조금 매단다는 느낌으로 치고(퍼터의 솔을 조금 띄우고), 평상시대로 스트로크를 한다. 그러면 퍼터의 중심 약간 밑에서 볼을 치기 때문에 볼의 회전이 조금 나빠진다. 이것이 '약하게 맞힌다'라는 의미이다.

반대로 그린이 느릴 때는 퍼터의 솔이 그린에 닿을 정도로 자세를 잡고 스트로크를 하면 같은 크기의 폭이나 터치라도 강하게 맞게 되어 볼의 회전에 힘이 생긴다.

상당히 수준 높은 골퍼를 위한 방법이지만 연습 그린에서 한번 시도해보면 어떨까.

빠르다

느리다

빠른 그린에서는
퍼터를 매단다는 느낌 정도로
약간 상체를 세운다.

Round 2

| 정확성이 높아진다 |

그립의
기본자세 잡기

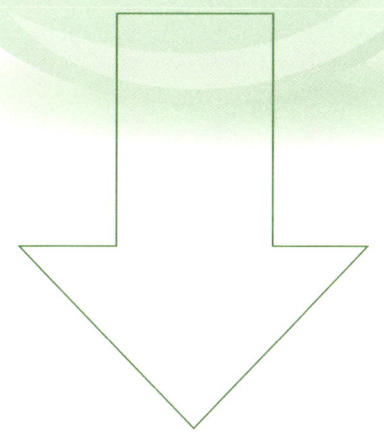

그립은 양 손바닥으로
감싸듯 잡는다

▶

'퍼팅에 정해진 스타일은 없다.' 라는 격언을 가장 단적으로 말해주는 것이 그립이다.

　프로의 경기를 보면 알 수 있듯이 퍼팅의 그립은 자세 이상으로 각양각색이다. 어프로치와 완전히 같은 그립으로 하는 프로도 있고, 손의 위치를 좌우 반대로 하는 크로스 핸디드 그립을 취하는 프로도 있다. 또는 크리스 디 마르코처럼 변칙적인 그립 방법을 취하는 프로도 드물지 않다.

　이 책에서는 가장 정통적인 역 오버 래핑 그립(왼쪽 검지가 오른쪽 새끼손가락 또는 새끼손가락과 약지에 걸쳐 잡는 법)을 중심으로 설명하겠지만, 이상적인 그립을 만들기 위한 포인트는 다른 변칙적인 그립에도 공통점이 많다.

　우선 역 오버 래핑 그립의 기본을 보자. 이 방법은 '그립을 양 손바닥으로 감싸듯 잡는다.'라는 점이 핵심이다.

 어프로치의 경우는 페이스 로테이션(클럽 페이스의 열고 닫힘)을 부드럽게 하거나, 파워를 무리 없이 클럽→볼로 전달하기 위해 '핑거 그립'(왼손은 새끼손가락 부근부터 검지의 제2관절까지를 이용하여 그립을 잡고, 오른손은 중지와 약지의 제1관절에 그립을 싣듯이 하여 잡는 방법)을 채용하는 프로가 많다.

 그러나 퍼팅의 경우는 페이스 로테이션을 할 필요도, 파워를 볼로 전달할 필요도 없다. 자신의 이미지나 감을 파워로 전달하기 위

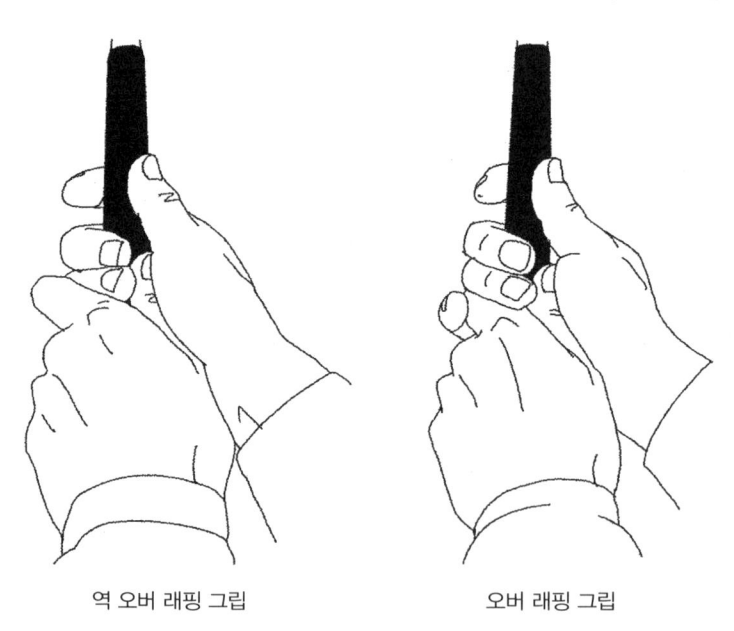

역 오버 래핑 그립　　　　　　　오버 래핑 그립

한 유일한 '접점'이 그립이며, 그러려면 양손과 파워가 일체화되어야 한다.

일체화를 위해서는 양 손바닥으로 감싸듯 쥐는 방법이 최선이다. 핑거 그립처럼 그립을 잡으면 세세한 움직임이 강점인 손가락이 실수를 하기 쉽고, 스트로크의 궤도가 망가지기 쉽다.

왼손 손등은 타깃을 향한다
▶

양 손바닥으로 감싸듯 잡는 기본적인 방법을 순서대로 살펴보자.

우선 왼손인데, 핑거 그립 때보다 손가락 관절 한 개분만큼 손바닥 가까이에 퍼터의 그립을 대고, 엄지손가락은 그립 바로 위에 놓는다. 또는 오른손부터 먼저 잡고, 왼손 새끼손가락으로 덮어씌우듯 잡아도 상관없다. 이렇게 해서 다른 손가락을 자연스럽게 그립에 휘감기게 하면, 역 핑거 그립이 완성된다.

그립을 이 모양으로 만들면 자세를 잡았을 때 양 손바닥이 서로 잘 맞춰지게 된다. 여기서 중요한 점은, 왼손 손등이 정확히 타깃을 향하고, 오른손 손등은 그 반대로 되어 있어야 한다는 것이다.

이렇게 하면 왼손 손등이 퍼터 페이스와 일체화된다. 그리고 오른손의 '미는 힘'이 스퀘어로 퍼터에서부터 볼로 전달되어, 결과적으로 볼은 타깃을 향해 곧바로 굴러가게 된다.

자세를 잡을 때
양 손바닥이 서로 마주보고,
왼손 손등은 타깃을 향하도록
한다.

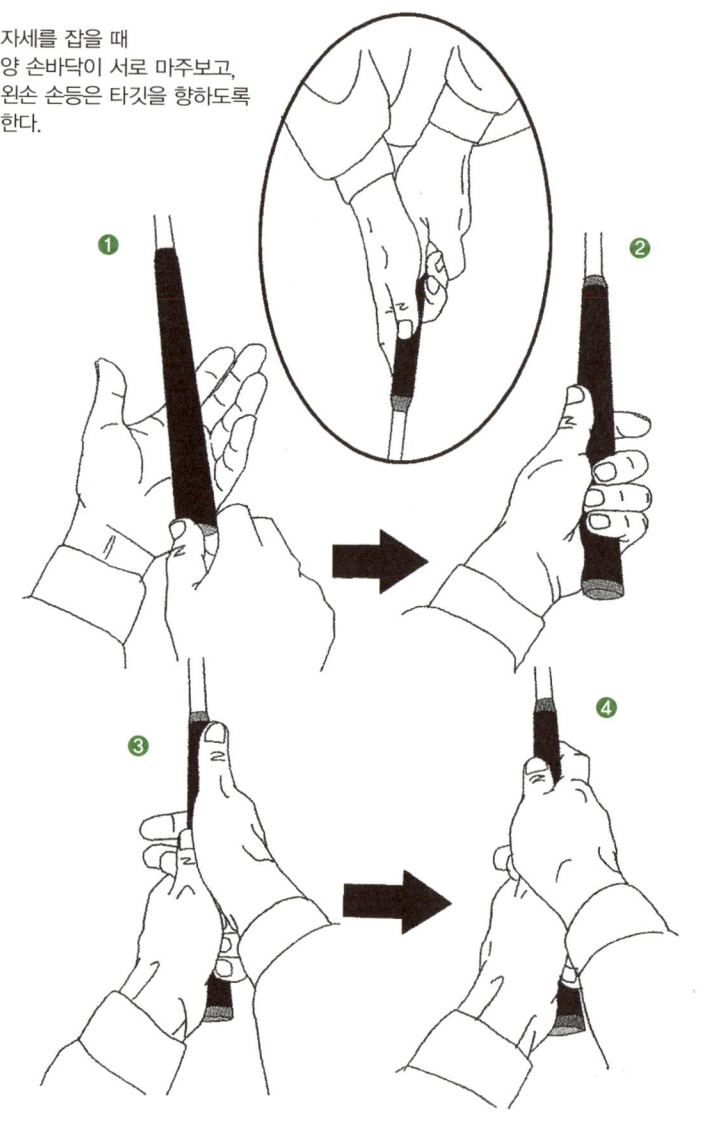

그립을 잡는 강도는
너무 약하지도 강하지도 않게

▶

그립에서 잡는 법 다음으로 중요한 것이 그립을 잡을 때의 강도(그립 프레셔)이다.

예를 들면 퍼트의 명수로 알려져 있는 아오키 이사오 프로는 "왼손 새끼손가락과 약지와 중지가 하얗게 될 정도로 강하게 잡아야 한다."라고 말한다.

과연 그럴까? 타이거 우즈는 그립 잡는 강도를 "1~10으로 볼 때 5 정도가 좋다. 느슨한 그립은 긴장을 완화하고, 퍼터 헤드의 움직임을 부드럽게 해준다."라고 말한다.

양쪽 모두 맞는 말이다. 아오키 프로의 경우는 '임팩트 시 힘 조절이 전부'라고 말할 수 있는 타법이기 때문에 왼손으로 퍼터를 꽉 잡고 왼손 손등으로 볼을 치는 느낌이 없으면 거리감을 알기 어렵다.

반면 정통적인 시계추 식 퍼팅을 하는 타이거 우즈의 경우 너무 강하게 잡으면 중요한 스트로크가 부자연스러워지므로 '5 정도' 강도가 적당하다.

타이거 우즈와 같은 그립 방법을 사용하고 있는 아니카 소렌스탐은 저서 《아니카 소렌스탐의 54가지 시범 동작》에서 이렇게 말하고 있다. "나는 퍼터를 '가볍게' 잡고 있다. 스트로크 중에 퍼터 헤드의 움직임을 느낄 수 있는 최소한의 강도로 말이다. 이보다 가볍게 쥐면 퍼트의 스피드와 거리감이 없어지게 된다."

퍼터의 그립은 자신이 상상하는 퍼팅 이미지(터치나 스트로크의 흔드는 폭)를 퍼터로 전달할 때 유일한 중간 역할을 한다. 그립을 힘껏 잡으면 시계추 느낌이 나지 않는다. 그렇다고 너무 느슨하게 잡으면 퍼터와의 일체감이 없어져 이미지를 떠올리지 못하거나 스트로크 중에 손목이 휘어지고, 스트로크의 궤도가 불안정해지기도 한다.

결국 퍼터의 그립 강도는 너무 약하지도 강하지도 않게 잡는 수준이 적당하다.

1. 헤드의 움직임이 느껴진다.
2. 스트로크 중에 손목이 꺾이지 않는다.

이 두 가지 포인트에 유의하여 자신에게 가장 적합한 그립 프레셔를 찾기 바란다.

그립의 강도는 스트로크 중에 바꾸지 않는다

▶

스트로크 중에 그립 프레셔를 바꾸면 롱 퍼트에서 의도하지 않게 세게 맞거나, 숏 퍼트에서 임팩트가 느슨해진다.

스트로크 중에 그립 프레셔를 바꾸게 되면 퍼터 페이스 방향이 달라지고, 밀고 당기기 등의 실수가 생긴다. 또는 자신이 예상한 터치가 정확하게 볼로 전달되지 않고 크게 오버하거나 짧아지는 원인이 되기도 한다.

그립 프레셔를 바꾸는 것은 대개 정신적인 압박 탓이다. 이런 실수를 하지 않기 위해서는 처음부터 그립을 더 이상 강하게 쥘 수 없을 정도로 꼭 쥐는 방법이 있다. '중간' 정도로 잡으면 '강하게'도 '약하게'도 잡을 수 있지만 처음부터 '강하게' 잡으면 그 상태를 유지하기만 하면 된다. 퍼팅은 심플한 것보다 더 좋은 것이 없고, 이 방법 하나만으로 충분하다고 할 수 있다.

헤드의 움직임을 느끼기 어려운 약점이 있지만 정신적인 압박에 약한 사람은 시도해볼 만하다.

오른손 검지를 펴면 방향성이 좋아진다

▶

가장 일반적인 역 오버 래핑 그립에서는 오른손 검지를 어프로치 때와 마찬가지로 클럽에 걸치는 골퍼가 많다. 마치 피스톨의 방아쇠를 당기는 것 같은 모양이라 할 수 있다.

그러나 후카보리 게이치로 프로처럼 오른손 검지를 펴서 잡는 법도 있다. 그렇게 하면 손과 퍼터의 일체감이 더 강해지고, 퍼터 헤드를 생각한 방향으로 보내기가 쉬워진다.

오른손 검지를 똑바로 펴고, 퍼터 그립의 오른쪽 면에 딱 붙여도 좋고(뒤 쪽의 일러스트 ①), 손가락 끝만 그립의 약간 아래쪽에 붙여

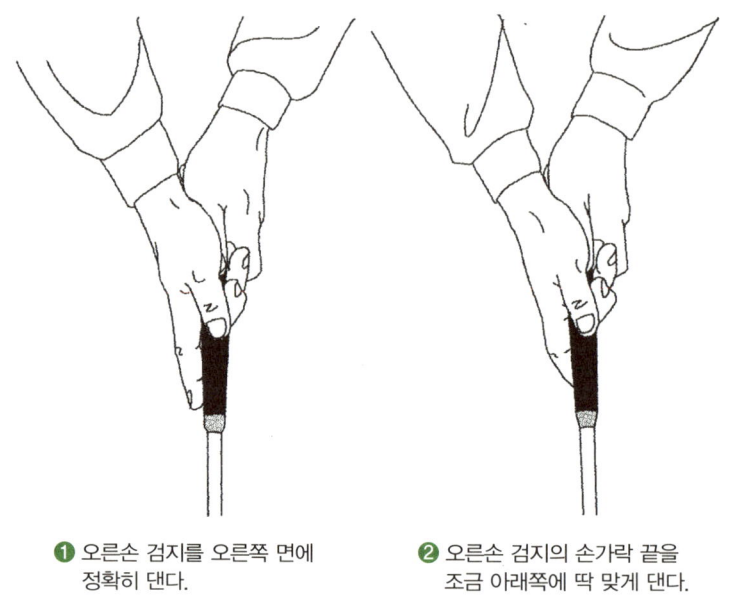

① 오른손 검지를 오른쪽 면에 정확히 댄다.

② 오른손 검지의 손가락 끝을 조금 아래쪽에 딱 맞게 댄다.

도 괜찮다(일러스트 ②).

 오른손잡이 골퍼의 경우 퍼팅감(터치)을 오른손으로 결정하는 타입이 많을 테지만, 검지를 펴면 오른손의 감각이 더 예리해지고, 방향성도 더 좋아진다고 한다.

왼손 검지를 펴면
왼쪽 손목을 고정할 수 있다
▶

퍼팅의 원칙 중 '손목을 사용하지 않는다.' 라는 항목이 있다. 손목을 사용하여 임팩트를 하면 거리감을 알기가 어려울 뿐만 아니라 방향성도 빗나가기 쉽기 때문이다.

프로 골퍼들은 다양한 방법으로 손목을 고정하고, 어드레스 때 만든 손목의 각도를 스트로크 중에 계속 유지하려고 한다. 왼손 검지를 펴는 것도 손목을 고정하기 위한 방법이다.

역 오버 래핑 그립의 경우, 왼손 검지는 오른손 새끼와 약지 사이에 두는 골퍼가 많지만, 왼손 검지를 뒤 쪽의 일러스트 ①처럼 펴고, 오른손 새끼손가락과 약지, 중지를 둘러싸듯이 하면 왼쪽 손목의 각도가 잘 유지될 뿐만 아니라 양손이 함께 움직여 그립 전체가 안정된다.

또한 일러스트 ②처럼 왼손 검지뿐만 아니라 오른손 검지도 동시에 펴서 그립을 잡는 방법도 있다. 이렇게 하면 양손 전체로 둘러싸는 것 같아 퍼터를 쥐고 있는 감각이 더 강해진다.

양손의 간격을 단단히 좁히거나, 좌우 검지의 구부러짐 상태를 조절하면서 자신에게 가장 적합한 그립을 발견할 수 있다.

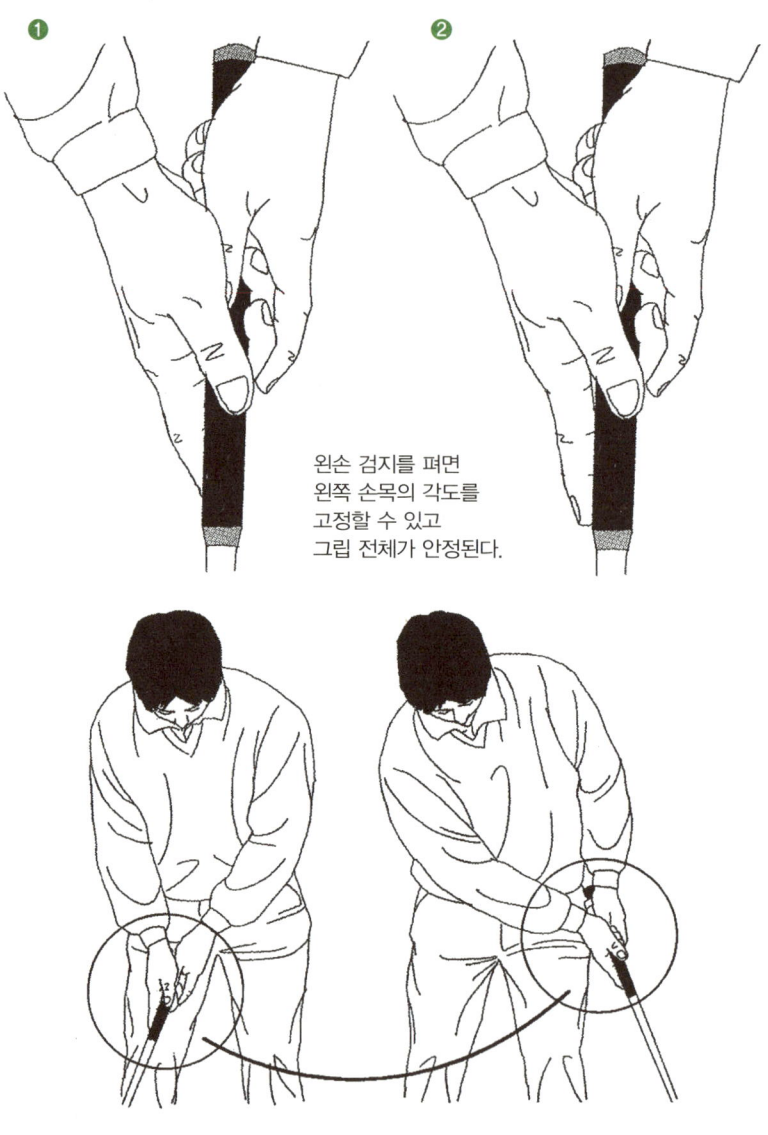

왼손 검지를 펴면
왼쪽 손목의 각도를
고정할 수 있고
그립 전체가 안정된다.

양쪽 손목을 아래로 꺾으면
손목 사용이 어려워진다
▶

손목을 사용하지 않기 위해서는 아래 일러스트처럼 양쪽 손목을 아래로 꺾어 잡는 법도 있다.

손목의 각도는 팔과 샤프트가 하나가 되는 것이 가장 자연스럽다. 자연스러운 모양으로 잡는다는 말은 손목이 위로도 아래로도 구부러질 수 있다는 의미이다. 그만큼 스트로크의 궤도가 빗나가기

그림처럼 손목을 꺾으면
손목의 움직임을 억제할 수 있지만,
퍼터의 힐이 뜨게 된다.

쉬운 약점도 있지만, 처음부터 양쪽 손목을 아래로 꺾어두면 손목의 움직임을 상당히 억제할 수 있다.

다만 손목을 아래로 꺾으면 퍼터의 샤프트가 아무래도 서게 된다. 그러면 퍼터의 힐(페이스의 뒤쪽)이 뜨게 되고, 부드럽게 스트로크할 수 없는 경우도 있다.

이런 사안은 퍼터의 모양에 따라 달라지기도 하기 때문에 모든 골퍼에게 권장할 수는 없다.

어프로치 때와 같은 그립으로 하면 부드럽게 스트로크할 수 있다

▶

지금까지 역 오버 래핑 그립 방법에 대해 설명했다. 프로 골퍼 중에는 퍼팅 때도 보통의 어프로치 때와 마찬가지로 오버 래핑 그립으로 쥐는 프로도 있다.

이런 타입은 퍼트도 어프로치의 연장으로 생각해 퍼팅을 더 심플하게 하려는 의도를 갖고 있는 것이다.

예를 들면 데시마 다이치 프로도 그런 타입이다. 퍼트 이론에 '똑바로 당기고 똑바로 보내는' 것이 있다. 그는 퍼트도 어프로치의 연장으로 생각하기 때문에 '인 투 인', 즉 안으로 당겼다가 임팩트 후 안으로 보내는 궤도를 생각하면서 스트로크를 한다.

퍼트와 어프로치는 전혀 별개라고 생각하는지, 퍼트는 어프로치의 연장선상에 있다고 생각하는지에 따라 그립을 잡는 방법도, 이미지 상의 스트로크 궤도도 달라진다. 그래서 퍼팅이 재미있는 것이다. 당신도 이것저것 시도해보고 자신에게 가장 적합한 그립을 발견하기 바란다.

숏 퍼트가 약한 사람은
크로스 핸디드 그립으로 해본다
▶

일본 여자 프로 골프계의 일인자 미야자토 아이 프로가 2006년 시즌 중 그때까지의 정통적인 역 오버 래핑 그립을 버리고 크로스 핸디드 그립으로 바꾼 사실을 알고 있는 독자도 있을 것이다.

크로스 핸디드 그립이란 다음의 일러스트처럼 왼손을 오른손 밑에 두고 퍼터를 잡는 방법이다.

이 경우도 좌우 검지를 구부리거나 펴고, 좌우 손 간격을 비우거나 채우는 등 다양한 변화가 있다. 어떤 모양이든 모두 크로스 핸디드 그립의 한 형태인데, 스트로크를 선도하는 왼손의 움직임이 심플해지기 때문에 방향성이 안정되는 장점이 있다.

다만 왼손이 주역이 되는 만큼 섬세한 오른손의 감각을 발휘하기 어려워진다. 때문에 휘어지는 라인이나 롱 퍼트의 거리감은 맞추기 어렵다는 말도 있다.

물론 어디까지나 일반론일 뿐이다. 어떤 그립이든 자신의 감과

맞으면 아무 상관없다.

'바로 이거!' 라는 그립을 발견하고 나면, 그다음은 연습만이 살 길이다.

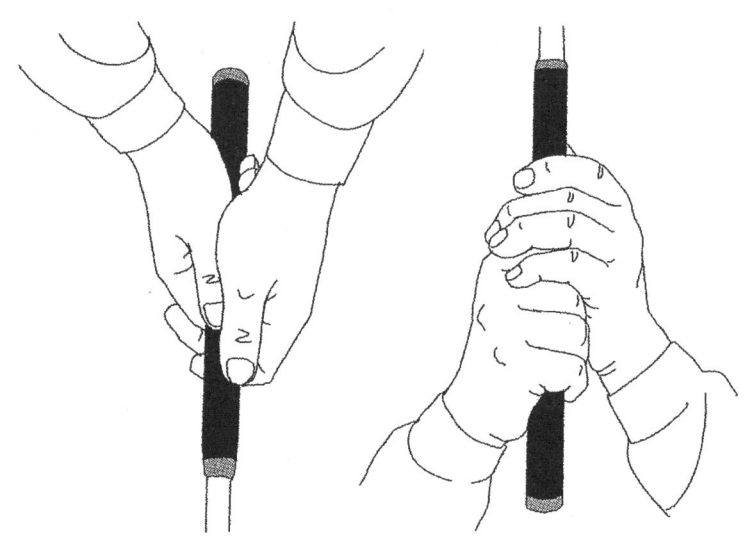

크로스 핸디드 그립

Round 3

| 볼이 굴러 들어간다 |

스트로크의 기본자세 만들기

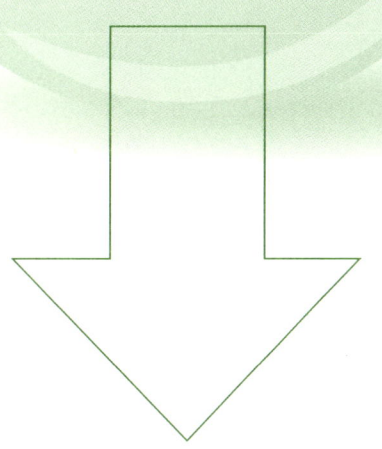

어깨와 양팔로 만드는
삼각형(오각형)을 유지한다
▶

　자세도 그립도 결정되고, 라인도 예상했다고 하자. 다음은 타겟을 향해 거리감을 맞춰가면서 부드럽게 스트로크를 하는 일만 남았다. 그런데 '부드럽게 스트로크'를 하는 일이 말처럼 간단하지만은 않다. 골퍼라면 누구나 알고 있는 사실이다.

　'이 볼만큼은 넣고 싶다'는 욕구, '이런 짧은 퍼트를 성공 못하면 창피할 거'라는 허세, '빗나갈지도 모른다'는 두려움…. 그런 요소가 작용해 골퍼는 불과 60센티미터 정도의 스트로크를 부드럽게 처리하지 못한다.

　퍼팅은 감각의 세계다. 그러나 스트로크 자체는 가능한 한 기계적으로 연습해두는 것이 좋다. 목표한 방향으로 예상한 스피드로 볼을 굴리기 위해서는 '이렇게 자세를 취하고 저렇게 스트로크하면 된다.'라는 식으로 로봇처럼 명쾌하고 단순하게 인식하고 있으면 아무리 정신적인 압박을 느끼더라도 스트로크가 흔들리지 않을 것이다.

그런 의미에서 가장 중요한 철칙이 있다.

앞 장의 기본자세에서 설명했듯이 어깨와 양팔이 만드는 삼각형 (무릎을 구부리면 오각형)을 스트로크 중에 유지하는 것이다.

삼각형(오각형)을 유지한 채 스트로크를 하려면 어깨나 등의 '큰 근육'을 사용할 수밖에 없다. 팔이나 손 같은 '작은 근육'을 사용하게 되면, 섬세한 근육이라 정신적인 압박을 느낄 때면 아무래도 주

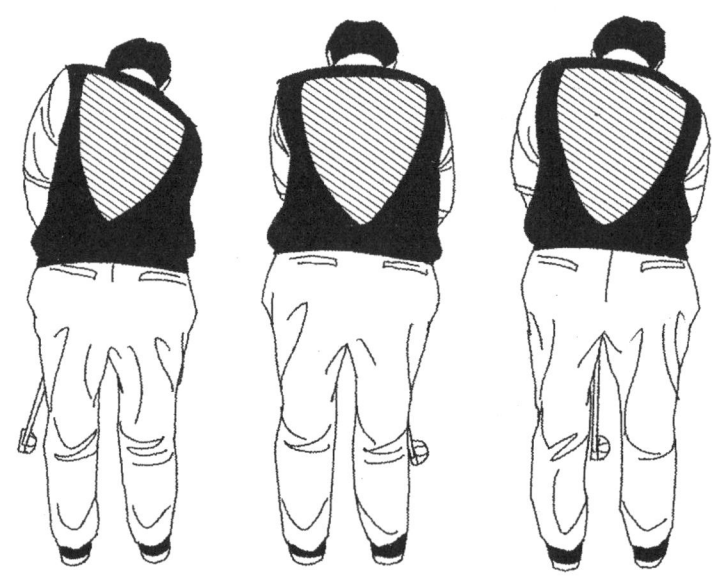

<u>스트로크</u>를 안정시키려면
어깨나 등의 큰 근육을 사용한다.

늑이 들거나 반대로 힘이 들어가기 쉽다.

그런 점에서 어깨나 등의 '큰 근육'은 좋은 의미로 둔감하기 때문에 압박에 강하다. 즉, 어깨와 팔이 만드는 삼각형(오각형)을 무너트리지 않도록 의식하면 그만큼 '큰 근육'을 사용하게 되고, 그 결과 평상시대로 스트로크를 할 수 있다.

왼쪽 손등은 스트로크 중에는 완전히 고정해둔다

▶

'그립' 편에서도 설명했지만, 그립에서 왼손을 고정했다면 스트로크 중에는 절대로 각도를 바꾸지 말아야 한다. 특히 시계추 식 퍼팅에서는 절대 지켜야 할 철칙이다.

퍼팅에서 왼손 손등은 퍼터 페이스의 분신과도 같다. 손등이 오른쪽을 향하면 페이스가 열려서 볼이 오른쪽으로 가고, 손등이 왼쪽을 향하면 페이스가 닫혀서 볼이 왼쪽으로 가게 된다.

처음에 왼손의 각도와 손등의 방향을 결정했다면 손목을 완전히 고정하고 스트로크를 해야 한다. 이것은 방향성을 좋게 하기 위한 매우 중요한 포인트라고 할 수 있다.

또한 왼손 손등을 고정하게 되면, 손목을 사용할 수 없어 어깨와 양팔이 만드는 삼각형(오각형)을 무너트리지 않고 스트로크를 할 수 있다. 손목이 느슨해져 있으면 아무리 '큰 근육'을 사용하여 스트로크를 해도 임팩트의 강도가 일정하게 유지되지 않는다. 즉, 거리감도 생기지 않는다.

어떤 상황에서도
프리샷 루틴을 지킨다

어프로치에서는 '프리샷 루틴'이 중요하다는 말을 자주 한다. 샷을 하기 전에 일련의 동작이나 이미지 만드는 법을 하나의 '의식'으로 만들어 놓는 것을 '루틴화'라고 한다. 의식이 완전히 몸에 익으면 그만큼 나이스 샷을 재현할 가능성이 높아진다.

퍼팅에 있어서도 마찬가지다. 어떠한 심리적 압박이 있는 상황에서도 여느 때와 마찬가지로 순서대로 움직이면 안정을 되찾을 수가 있다.

퍼팅의 프리샷 루틴은 골퍼에 따라 모두 다르지만 예를 들면 이런 식이다.

1. 볼 뒤에서 라인을 읽는다.
2. 홀 뒤에서 라인을 읽는다.
3. 휘어지는 라인은 스폿을 찾는다.
4. 볼 옆에서 연습 스윙을 3번 한다.
5. 페이스의 방향을 타깃(홀 또는 스폿)에 맞춰 그 타깃과 볼을 연

결한 선에 평행이 되도록 스탠스를 취한다.
6. 상체나 무릎을 구부려 자세를 만든다.
7. 홀(또는 스폿)을 본다.
8. 연습 스윙의 이미지가 사라지지 않을 동안에 스트로크를 개시한다.

이런 루틴은 몇 번이고 반복해서 실행하지 않으면 자기 것으로 만들 수 없다. 연습 그린이나 자택 카펫에서 퍼트 연습을 할 때도 의식적으로 자신이 정한 루틴을 반복해서 연습한다.

연습 퍼팅은
라인에 직각으로 서서 한다
▶

퍼팅 전에 연습 스윙을 하지 않는 골퍼는 거의 없다.
'5미터라면 이 정도의 진폭이다.'
그런 식으로 볼이 굴러가는 스피드를 떠올리면서 몇 번 정도 연습 퍼팅을 하고 그 '느낌'을 뇌와 몸에 각인한다.
자, 여기서 질문을 하나 하겠다. 당신은 스트로크 전 연습 퍼팅을 '어디서' 실행하는가?
대부분의 골퍼들은 실제 스탠스의 위치에서 반 보 정도 뒤로 평행 이동한 장소에서 실시한다. 라인과 평행하게 서서 연습 퍼팅을 실행하는 것이다.

그러나 아니카 소렌스탐이나 마루야마 시게키 프로는 다르다. 볼의 바로 뒷면, 그러니까 홀과 볼을 연결한 연장선상에 라인과 직각이 되도록 서서 연습 퍼팅을 한다.

왜 라인과 직각으로 서야만 할까?

직각으로 서서 하는 편이 라인 전체가 잘 보이고, 거리감(볼이 굴러가는 속도)을 떠올리기 쉽기 때문이다.

라인과 직각으로 서서 하는 연습 퍼팅은 라인 전체가 잘 보여 거리감을 떠올리기 쉽다.

라인에서 조금 뒤로 평행 이동한 장소에서 하는 연습 퍼팅.

퍼팅에서 가장 중요한 것은 거리감, 즉 볼이 굴러가는 속도의 이미지다. 그것을 확인하려면 라인과 직각으로 서서 타깃까지의 거리를 정확히 파악하면서 연습 퍼팅을 하는 것이 좋다.

볼에 페이스를 맞췄다면
순식간에 스트로크를 개시한다

▶

골프뿐만 아니라 궁도나 양궁, 다트처럼 목표물을 겨냥하는 스포츠에서 가장 중요한 것은 타깃을 응시하는 일이다. 타깃을 응시함으로써 비로소 뇌에 정보가 전달되고, 그에 따라 점차 타깃까지의 라인이나 팔 조정법 등의 이미지가 생겨나기 때문이다.

다만 그 이미지는 생각보다 오래 뇌 속에 머물러주지 않는다. 게다가 한 번이라도 눈을 깜박이면 순식간에 사라져버리고 만다.

퍼팅의 경우 볼에 페이스를 맞추고 최종 자세를 취했다면 마지막에 다시 한 번 타깃을 보자. 그리고 라인과 볼이 굴러가는 속도를 떠올렸다면, 눈도 깜박이지 말고 볼에 눈을 돌려 바로 스트로크를 개시한다.

즉, 볼에 페이스를 맞췄다면 5초 이내에 스트로크를 개시해야 한다. 그 이상 시간을 끌게 되면 자신도 모르는 사이에 눈을 깜박이게 되어 모처럼 기억했던 이미지가 사라져버린다.

눈은 계속 뜨고 있었다고 해도 시간을 끌게 되면 어깨나 팔이 점

볼에 페이스를 맞추고
최종 자세를 취했다면,
마지막에 다시 한 번 타깃을 보고
이미지를 확인한 시점에서
눈도 깜박이지 말고 볼에 눈을 돌려 시동!

차 굳어져 부드럽게 스트로크를 할 수 없다.

어프로치에서도 마찬가지다. 자세를 잡을 때까지는 시간이 걸리더라도, 자세를 잡았다면 가능한 한 빨리 백스윙을 시작할 것. 골프의 철칙이라고 할 수 있다.

포워드 프레스를 하면
백 스트로크를 부드럽게 시작할 수 있다
▶

골프가 어려운 이유는 멈춰 있는 볼을 치는 게임이기 때문이라고들 한다. 볼이 멈춰 있으면 골퍼는 치기 전에 이런저런 쓸데없는 생각을 하게 된다. 게다가 막상 볼을 치려고 하면 그 변화를 좀처럼 파악하지 못하고 동작이 어색해지고 만다.

골프의 스윙이나 스트로크를 '정(靜)에서 동(動)으로'라고 생각하면 골프가 어려워진다. 시험 삼아 한 번 자세를 만든 다음 신체 어느 부분도 움직이지 말고 퍼팅의 백 스트로크를 해보면 그런 어려움을 잘 이해할 수 있을 것이다.

그래서일까, 골프의 명수는 퍼팅에 있어서도 '정'의 상태를 만들지 않는다.

예를 들면 퍼팅의 백 스트로크를 개시할 때 포워드 프레스라고 하여 그립을 타깃 방향으로 조금 민다. 그 움직임을 계기로 하여 백 스트로크를 시작하는 것이다.

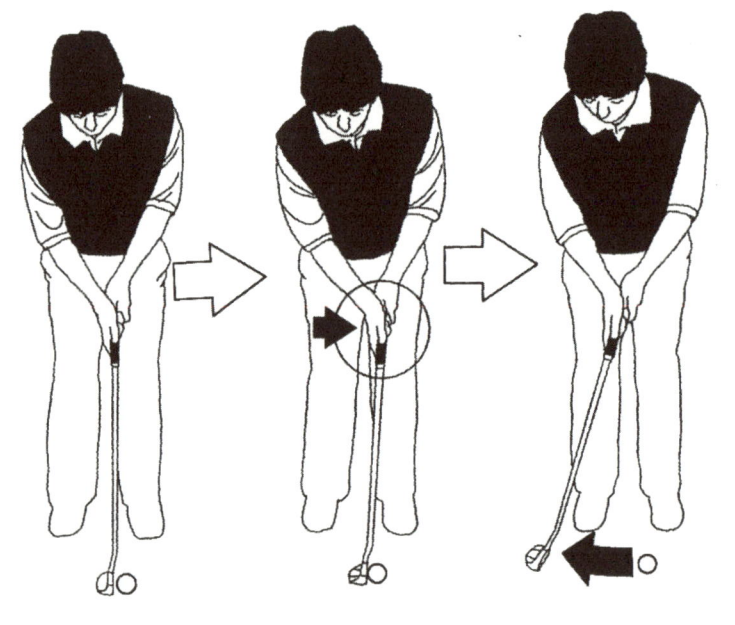

　포워드 프레스 시 그립의 위치가 볼보다 왼쪽에 오지만, 이것도 스트로크를 안정시킨 다음에야 효과가 있다.

시작 전에 퍼터의 솔을
작게 상하로 움직여본다

▶

　퍼팅의 백 스트로크를 부드럽게 시작하기 위해서는 '정'의 상태를 만들지 않는 것이 중요하다고 말했다. '정에서 동'이 아니라 '작은 움직임에서 큰 움직임'으로 이행하라는 의미이다.

그러기 위해서는 포워드 프레스 외에도 이런 방법이 있다.

하나는 퍼터 헤드를 작게 상하로 움직이는 방법. PGA의 TV 중계를 보면 퍼터 헤드가 볼을 스트로크하는 순간을 클로즈업으로 촬영한 영상이 종종 나온다. 그 장면을 보면 많은 프로가 타이밍을 맞추려고 퍼터 헤드를 조금씩 상하로 이동시키는 장면을 볼 수 있다. 그 밖에 그립의 가장 위에 있는 오른손 엄지를 상하로 세심하게 움직이거나, 구두 안에서 발가락을 가볍게 움직이기도 한다. 이처럼 프로는 반드시 신체 어딘가를 가볍게 움직이고 있다.

퍼팅의 어드레스에서는 다리나 허리, 상반신 등 신체의 '큰 부위'는 절대 움직여서는 안 된다. 움직여서 좋은 것은 신체의 '작은 부위'에 한한다.

그 원칙을 지킬 수 있다면 여기서 소개한 방법 외에 다른 방법이라도 아무 상관없다. 당신도 자신의 감각에 가장 적합한 '작은 움직임'을 발견해보면 어떨까.

스트로크의 궤도를 너무 의식하지 않는다

▶

퍼팅의 스트로크는 '똑바로 당기고, 똑바로 보내는' 것이 기본이다. 실제로는 약간 인사이드로 당겨주고, 임팩트에서 스퀘어가 되고,

팔로스루(follow through)에서는 다시 인사이드로 빠지는 것이라고 해도 의식적으로는 '똑바로 당기고, 똑바로 보내는' 것이 좋다. 이렇게 생각하고 있는 골퍼가 많을 것이다.

틀린 생각은 아니다. 그러나 라운드 중에는 똑바로 당기는 일에 집착하지 않는 것이 좋다. 대체로 그렇다는 말이지, 실전에서는 스트로크의 궤도 같은 것은 의식하지 않는 게 좋다.

스트로크의 궤도를 의식하면 헤드의 움직임을 눈으로 따라가거나, 헤드가 기복이 생기기 쉽다. 실제로 똑바로 당기지 못하게 되면 그 순간 '앗, 실패다' 라는 생각이 든다. 스퀘어 임팩트를 기대할 수도 없다.

스트로크가 요동치든, 퍼터가 인사이드로 당겨지든, 중요한 것은 임팩트 시 볼이 스퀘어로 퍼터의 중심에만 맞으면 된다. 실제로 프로 골퍼의 퍼팅을 주의 깊게 살펴보면 스트로크가 요동치는 경우가 적지 않다. 그래도 컵인을 시키고 만다.

퍼팅의 세계는 확실히 섬세하기 그지없지만 실전에서 그런 기분으로 임하면 손이 움직이지 않는다. 섬세함 따윈 내던져라! 대충 이 정도 하면 된다! 퍼팅에는 이런 강한 태도도 필요하다.

루틴에서 임팩트까지
같은 리듬감으로 플레이한다
▶

골프에서 리듬이 중요하다는 말을 자주 한다. 이는 퍼팅에서도 마찬가지다. 예를 들면 PGA에서 가장 뛰어난 퍼트의 명수로 알려진 브래드 팩슨은 다음과 같은 루틴을 실행하고 있다(데이비드 레드베터 《왕국의 레슨》 중에서).

1. 라인을 확인했으면 볼 앞에서 연습 스윙을 2회 실시한다(거리감 이미지를 위한 연습 스윙이기 때문에 타깃을 보면서 실행해도 된다).
2. 어드레스에 들어가, 페이스의 방향을 체크하면서 타깃을 두 번 본다.
3. 시선을 볼로 되돌려 그대로 테이크 백을 개시하고 볼을 친다. 이때 리듬은 테이크 백까지 하나, 임팩트에서 팔로스루까지 둘로 한다.

여기서 주의해야 할 것은 일련의 루틴에서부터 실제 퍼팅에 이르기까지 모든 동작이 '하나, 둘'의 리듬, 즉 두 박자가 되어야 한다는 점이다. 브래드 팩슨의 경우 드라이버에서 어프로치까지 모든 샷도 '하나, 둘' 리듬으로 스윙을 하고 있다. 또한 걸을 때도 '하나, 둘'의 리듬이다. 그는 코스에 있는 동안 항상 '두 박자'의 리듬을 유지하고 있고, 그것이 기본 스타일로 정해졌다는 의미이다.

큰 압박을 느낄 때도 언제나처럼 리듬에 맞춰 스트로크를 할 수 있다면 퍼팅이 크게 흔들리는 일은 없다. 그것이 브래드 팩슨이 퍼트의 명수로 알려진 가장 큰 이유이다.

퍼팅도 어프로치도 같은 템포로
▶

같은 '두 박자'라도 템포는 골퍼에 따라 모두 다르다. '하나, 둘' 이렇게 할 수도 있고, '하나~, 두~울' 이렇게 할 수도 있다. 어떤 템포가 좋은지는 한마디로 말하기 어렵다. 각자 태생적으로 갖고 있는 '박자감' 같은 것이 있다. 가장 자연스럽고 기분 좋은 템포가 바로 그 사람의 템포이다.

템포에서 중요한 것은 빠르고 느린 스피드가 아니라 드라이버에서 퍼터까지 같은 템포로 휘두르는 것이다. 모든 프로가 그렇게 하고 있다. 그 사람 특유의 템포는 잘 바뀌지 않기 때문이다.

그런데 아마추어 골퍼 중에는 드라이버는 빨리 치면서 퍼팅을 할 때가 되면 왠지 천천히 크게 뺀 다음 임팩트에서 늦추거나 반대로 드라이버는 천천히 치면서 퍼팅 때가 되면 성급하게 백 스트로크를 한 후, 바로 탁하고 임팩트하는 타입이 적지 않다. 이런 일은 진중해야 한다는 생각이 지나치게 강하거나, 빨리 치고 결과를 보고 싶다는 불안감 때문에 나타난다. 이래서는 퍼팅이 안정될 리가 없다.

드라이버도 퍼팅도 자신만의 '하나, 둘' 리듬과 템포를 지켜야 한다. 처음 치는 동안은 마음속으로 '하나, 둘' 이라고 중얼거리면서 플레이할 것을 권한다.

백 스트로크는 왼쪽 어깨를 밀고, 다운 스트로크에서 당긴다

▶

이번 장 맨 처음에 퍼팅의 스트로크는 어깨나 등과 같은 '큰 근육'을 사용한다는 이야기를 했다.

여기서는 큰 근육을 사용하기 위한 구체적인 이미지를 소개하려고 한다.

백 스트로크는 왼쪽 어깨를 주체로 하여, 퍼터를 라인의 후방으로 미는 것이다. 그리고 다운 스트로크에서는 왼쪽 어깨를 당겨서 원래대로 되돌린다는 이미지로 퍼팅을 하는 것이다. 손목의 각도는 완전히 고정되어 있기 때문에 임팩트에서는 왼손 손등으로 볼을 치는 느낌이 된다.

이 방법에서 퍼팅의 스트로크는 항상 왼쪽 어깨를 주로 해서 실행한다는 이미지이다. 이것은 퍼팅에서 나도 모르게 나오게 되는 오른팔을 사용하지 않기 위한 방법이다.

늘 사용하는 오른팔은 능숙한 움직임이 특기이기 때문에 압박이 가해지면 때로 스트로크의 궤도를 무너트리거나, 임팩트에서 힘을 넣거나 늦추는 나쁜 버릇이 나오게 된다. 오른손이나 오른팔을 '죽이기' 위해 어디까지나 퍼팅의 주체는 왼쪽 어깨에 맡겨야 한다는 뜻이다. 감각 면에서는 왼손을 밑에 두는 크로스 핸디드 그립과 같다.

'퍼팅은 왼쪽 어깨를 밀고 당기는 것이다.' 퍼팅을 이런 식으로 심플하게 생각할 수 있다면 퍼트 수도 상당히 줄어들 것이다.

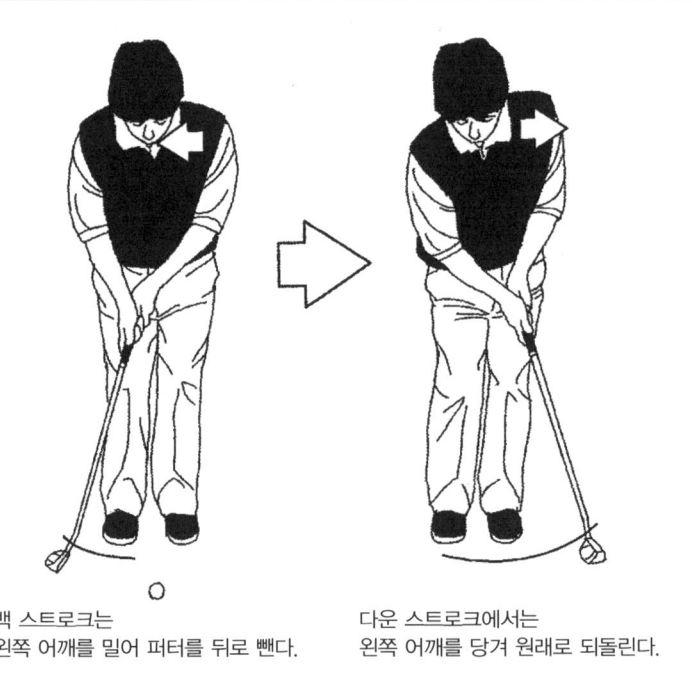

백 스트로크는
왼쪽 어깨를 밀어 퍼터를 뒤로 뺀다.

다운 스트로크에서는
왼쪽 어깨를 당겨 원래로 되돌린다.

단전에 기를 넣고
스트로크를 한다

▶

스트로크를 부드럽게 하기 위해서는, 하반신은 미동도 하지 않은 상태에서 상반신에 힘을 빼야 한다. 상반신에 힘을 뺀다고는 하지만 힘이 전혀 들어가지 않을 수는 없다. 온몸의 힘을 빼면 임팩트가 느슨해지기 때문이다.

물론 팔이나 그립에 힘을 넣어서는 안 된다. 어깨도 힘을 빼야 한다. 그렇다면 어디에 힘을 줘야 할까?

대답은 '배'이다.

합기도에서는 옛날부터 제하단전에 힘을 넣는다는 말이 있다. '제하단전'이란 배꼽에서부터 9센티미터 아래에 있는 지압점이다. 이곳에 의식을 집중하면 마음이 동요하지 않고 파워를 발휘할 수 있다고 한다.

데이비드 레드베터 역시 "복부, 특히 위 주변에 힘을 주면 어깨의 힘이 빠져 상반신을 일체화시켜 움직이기 쉬워진다. 또한 팔이나 손에 세세하고 쓸데없는 움직임이 없어지기 때문에 스트로크가 안정되고, 통상의 어프로치나 퍼팅에서도 헤드가 부드럽게 움직인다."라고 말하고 있다.

골프나 전통 무예나 부드러운 움직임의 열쇠는 '배'에 있다고 하는 점이 흥미롭다.

백 스트로크는 가능한 작게
▶

가타야마 신고 프로가 이런 말을 한 적이 있다.

"왜 타이거 우즈는 퍼팅도 잘할까? 그것은 백 스트로크가 작기 때문이다. 백 스트로크가 작으면 그만큼 궤도의 흔들림이 적어지고, 가운데를 빗나가는 일도 없어진다. 방향성도 흐름도 좋은 볼이 되는 것이다."

확실히 백 스트로크의 크기는 홀까지의 거리에 비례한다. 20미터나 될 법한 롱 퍼트라면 당연히 백 스트로크의 톱은 오른발 발끝을 지난 부근이 될 것이다.

중요한 점은 궤도가 빗나가지 않도록 백 스트로크는 최소한의 크기로 한다는 데 있다. 아마추어 중에는 3미터 거리의 퍼트에 10미터를 치는 정도의 백 스트로크를 해서, 스스로 스트로크 궤도를 벗어나게 하는 사람이 적지 않다.

그런 타입은 백 스트로크를 너무 크게 하면 스스로도 '앗, 너무 오버했다'라는 것을 알아차리고, 순간적으로 임팩트를 늦춰버린다. 그 결과 생각만큼 볼이 굴러가지 않거나, 가운데를 빗나가는 실수를 하기 쉽다.

백 스트로크는 작아도 임팩트가 느슨해지지 않고 볼의 가운데를 정확히 맞춘 볼은 생각보다 잘 굴러간다.

5미터를 굴리기 위해서는 최소 어느 정도의 백 스트로크가 필요

할까? 다음번 연습 그린에서 반드시 시험해보기 바란다. 틀림없이 볼의 중심을 정확히 맞추면 자신이 지나치게 스트로크를 크게 했다는 사실을 발견하게 될 것이다.

팔로스루는 백 스트로크의 2배

▶

'퍼팅의 스트로크는 볼의 위치를 기점으로 하여 같은 진폭으로 한다.' 라고 생각하는 골퍼가 많다.

　진자의 원리로 말하자면 백 스트로크와 팔로스루는 같은 진폭일 테지만 실제는 다르다.

　PGA 투어 프로 수십 명의 퍼팅을 상세히 조사한 데이터에 따르면, 프로들은 백 스트로크의 2배 정도 팔로스루를 한다.

　타이거 우즈도 그렇다. 우즈의 퍼팅이 좋다고 말하는 것은 백 스트로크 2배의 팔로스루를 하고 있기 때문이기도 하다.

　구라모토 마사히로 프로 역시 이렇게 말한다.

　"팔로스루도 백스윙과 같은 크기로 하면 좋겠지만 실전에서는 팔로스루 쪽을 길게 하는 편이 좋다고 생각한다. 실제 경기에서는 긴장해서 팔로스루가 되지 않는 사람이 많기 때문이다."

　1미터의 숏 퍼트에서 30센티미터 당기고, 10센티미터밖에 팔로스루를 하지 않아 공이 빗나가게 하는 골퍼가 적지 않다. 그런 사람은 10센티미터 당기고, 20센티미터의 팔로스루를 해보자. 틀림없이

백 스트로크 2배의 팔로스루를 해본다.

컵인 확률이 높아질 것이다.

스트로크 중에 왼쪽 어깨는 절대 열지 않는다

'홀에 볼이 떨어지는 소리는 왼쪽 귀로 들으라.' 라는 골프 격언이 있다. 볼이 떨어지는 소리를 왼쪽 귀로 듣기 위해서는 임팩트 후에 머리를 들거나, 왼쪽으로 몸을 돌려서는 안 된다. 이 격언의 의미는

'스트로크 중에는 계속 머리를 들지 말라.' 라는 뜻이다.

이런 격언이 있는 것을 보면, 임팩트 후에 머리를 드는 골퍼가 매우 많다는 의미다. 머리를 들어 볼을 보는 것은 볼의 행방이 신경 쓰이기 때문이다. 내가 생각한 라인대로 볼이 과연 잘 굴러가고 있을까? 볼의 속도는? 결과는?

그런 것들이 신경 쓰이지 않는 골퍼는 없겠지만, 그렇다고 해서 임팩트와 동시에 머리를 들게 되면 라인을 타게 될 볼도 그 순간 라인에서 벗어나게 된다.

이유는 머리를 들면 왼쪽 어깨가 올라가거나, 상체가 일어서거나 하여 스트로크 궤도가 어긋나거나 가운데를 빗나가기 때문이다. 특히 완만한 내리막길의 슬라이스 라인에서는 홀이 잘 보이기 때문에 이러한 실수를 범하기 쉽다.

뿐만 아니라 몸을 볼과 함께 홀에 집어넣으려고 해서 왼쪽 어깨가 열리는(오른쪽 어깨가 앞으로 나온다) 골퍼도 있다. 특히 숏 퍼트에서는 타깃이 가깝기 때문에 '어떻게든 집어넣고 말겠다.' 라는 의식이 강해진다. 그 때문에 '볼이 아니라 자신의 몸을 컵인시키는 것 같은' 골퍼도 있다.

어떤 샷이든 왼쪽 어깨가 빨리 열리면 실수하게 된다. 퍼팅에서 이런 자세를 취하게 되면 퍼터의 페이스가 왼쪽을 향하고, 타깃보다 왼쪽으로 볼이 나가게 된다.

'볼의 행방에 신경 쓰지 말라.' 라고 자신을 타이르자. 그래도 볼을 볼 것 같은 사람은 '왼쪽 어깨만은 열지 말자!' 라고 되뇌면서 퍼팅하면 어떨까.

시선과 어깨는
수직으로 움직인다
▶

스트로크 중에 왼쪽 어깨가 열리거나, 오른쪽 어깨가 앞으로 나온다는 것은 어깨가 앞뒤로 움직인다는 것이다. 올바른 진자 식 스트로크에서 어깨는 수직으로 움직여야 한다.

어깨를 수직으로 움직이기 위해서는 어드레스에서 라인을 확인할 때, 시선도 수직으로 움직이도록 습관적으로 연습해야 한다.

시선을 수직으로 움직인다는 것은 목의 각도를 고정하고 그 상태로 얼굴을 목표 방향으로 돌리면서 라인을 보는 것이다. 그렇게 하면 타깃과 볼을 연결한 라인을 왼쪽 눈 → 오른쪽 눈의 순서로 쫓는 느낌이 된다. 이때 라인과 두 눈이 움직인 선이 정확히 겹쳐지면 올바른 방향으로 자리를 잡은 셈이다. 연습 스윙을 해도 시선과 라인이 빗나가지 않으면 어깨도 라인에 따라 수직으로 움직이고 있다는 뜻이다.

실제 퍼팅에서 이 연습 스윙을 재현하면 된다. 임팩트를 했다면 어드레스 때와 마찬가지로 머리를 왼쪽으로 향하고 볼의 뒤쪽을 오른쪽 눈으로 쫓는다. 시선을 수직으로 움직일 수 있으면 퍼터 헤드

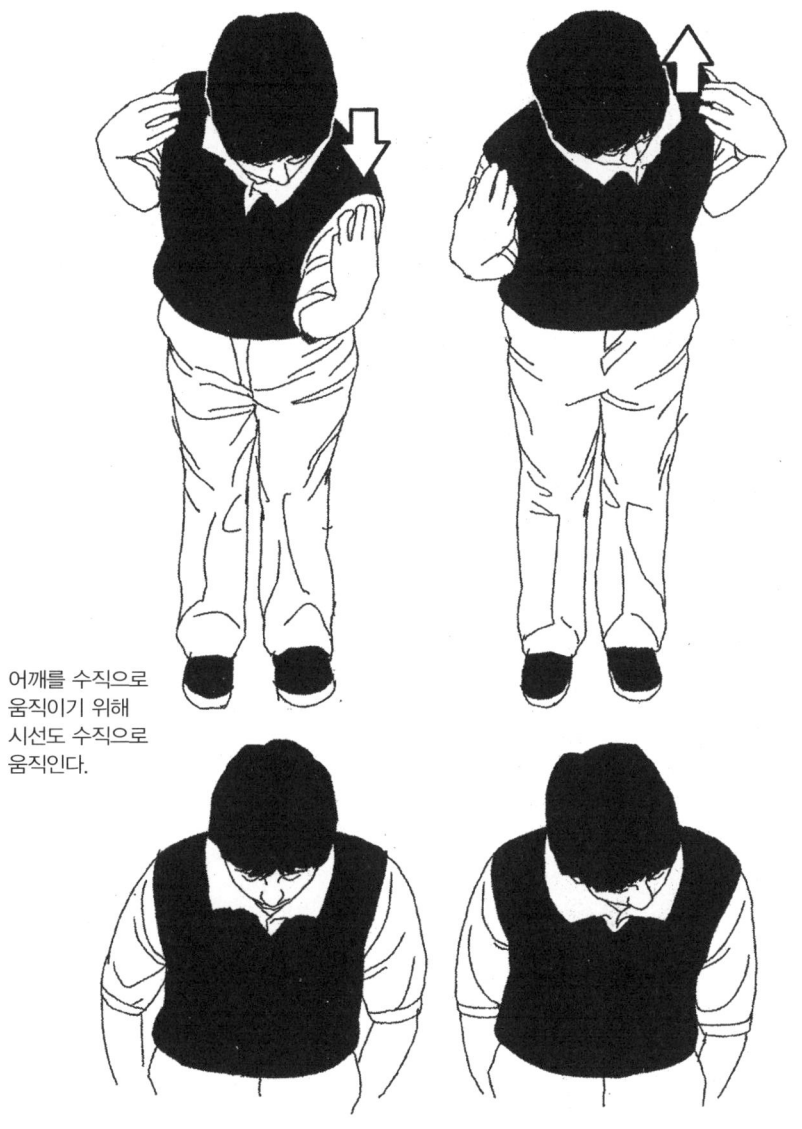

어깨를 수직으로
움직이기 위해
시선도 수직으로
움직인다.

스트로크의 기본자세 만들기 ▶▶ **81**

를 라인에 따라 움직이는 이미지를 만들기가 쉬워진다.

슬라이스 라인에서는
페이스를 열지 않는다
▶

슬라이스 라인이란 완만한 내리막 경사면에 스탠스를 취하는 것을 말한다.

이때 가장 저지르기 쉬운 실수는 임팩트 시 페이스가 열리는 것이다. 개중에는 볼을 오른쪽으로 휘게 하려고 일부러 페이스를 여는 사람도 있지만, 볼을 굴리기 위한 도구인 퍼터로는 볼을 휘게 할 수 없다. 페이스를 열면 볼은 처음부터 오른쪽 방향으로 나갈 뿐이다.

어차피 슬라이스 라인에서 페이스를 열게 되면 설령 가운데를 맞추어도 볼에 전달되는 힘이 약해진다. 또한 볼에 순회전을 줄 수도 없기 때문에 경사면이나 잔디 결에 영향을 받아 십중팔구 홀 앞에서 크게 오른쪽으로 빗나가고 만다.

슬라이스 라인에서는 페이스를 열지 말 것. 홀이 아니라 마지막까지 타깃에 시선을 유지하고 볼을 더 붙잡는다는 이미지로 스트로크를 하는 것이 요령이다.

아무리 빠른 그린에서도
임팩트만은 늦추지 않는다
▶

퍼팅 스트로크에서 생기는 최대의 실수는 '임팩트 완화'이다. 아니카 소렌스탐도 이렇게 말한다.

"퍼트를 라인 상에 굴리기 위해서는 가속을 하면서 임팩트할 필요가 있다."

'임팩트 완화'에는 두 종류가 있다.

하나는 다운 스트로크의 스피드를 임팩트 직전에 완화하는 것. 또 하나는 임팩트 직전에 그립 프레셔를 완화하는 식으로 훅 하고 힘을 빼는 것이다.

어느 경우나 거리감이 빗나갈 뿐 아니라, 임팩트에서 페이스의 방향이 달라지기 쉽고 방향성도 어긋나게 된다. 라인 읽기도 정확하고, 페이스 방향도 완벽하고, 백 스트로크의 진폭도 괜찮다고 해도 임팩트가 늦춰지면 모든 것이 망가지게 된다.

확실히 최근에 증가하고 있는 고속 그린에서는 누구나 큰 실수를 할 수 있다는 불안과 싸워야 한다. 그렇다고 해서 임팩트를 늦춰버리면 들어갈 퍼트도 들어가지 않는다.

고속 그린에서는, 연습 그린에서 재빨리 그 스피드에 익숙해진다. 그리고 실전에서는 '임팩트만은 늦추지 않겠다.' 라고 스스로 되새기면서 퍼팅한다. 그렇게 하면 적어도 큰 실수나 짧게 치는 것을 반복해 3퍼트 하는 일은 없을 것이다.

오르막 숏 퍼트는 세게 친다
▶

퍼팅에서 가장 쉬운 것은 '오르막의 숏 퍼트'다. 잭 니클라우스도 "오르막의 짧은 퍼트를 짧게 치는 것은 최악의 죄다."라고 말한다 (《잭 니클라우스의 골프 레슨》 중에서).

오르막의 숏 퍼트는 조금 휘어질 듯해도 스트레이트를 노리고 세게 치는 편이 좋다. 이유는 두 가지가 있다.

우선 오르막 경사면에 홀이 있다는 것은 홀 건너편 쪽 벽이 앞쪽보다 높기 때문이다(아래 일러스트 참조).

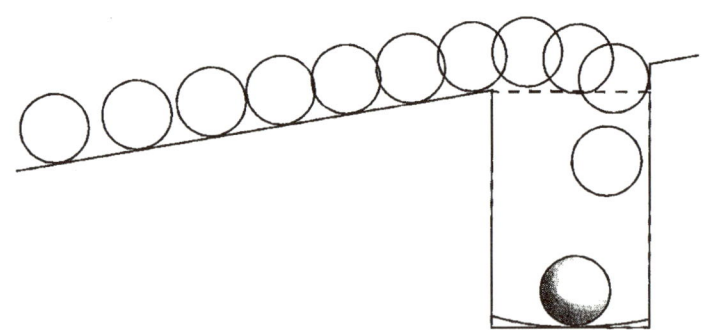

오르막 라이에서는 다소 강하게 쳐도 홀 후방의 벽에 맞는다.
홀 주변의 '러프함'을 고려한다면 세게 치는 편이 좋다.

평평한 라인이라면 볼의 속도가 지나쳐 홀 건너편으로 날아갈 것처럼 강한 퍼트라도, 오르막 경사면이라면 건너편 벽이 높은 만큼 그곳에 맞고 홀로 들어갈 가능성이 높다는 뜻이다.

또 하나, 홀 주변의 그린은 볼을 줍는 플레이어에게 밟혀 거칠어진 경우가 많다. 이 경우 저스트 터치(홀까지의 거리만큼만 치는 것)로 스트로크를 하면 홀에 못 미쳐 멈춰버리거나, 뜻밖의 장소에서 공이 멈추는 일도 있을 것이다.

따라서 오르막 숏 퍼트는 1미터 정도 오버할 요량으로 치는 것이 좋다(오르막이기 때문에 실제로는 그렇게 멀리 가지 않는다). '강타' 해야 하기 때문에 조금 휜 듯한 라인에서도 스트레이트로 쳐야 한다.

짧은 퍼트는
볼의 브랜드 네임을 보고 친다
▶

숏 퍼트 시 가장 흔하게 저지르는 실수가 헤드업이다. 홀이 시야에 들어오기 때문에 나도 모르게 결과를 염두에 두고 머리뿐만 아니라 상반신까지 일어서게 된다.

앞에서 말했듯이 숏 퍼트야말로 신체를 움직이지 않고 정확히 쳐야 한다. 그런데 아무리 머리에 되새겨도 말처럼 몸이 움직여주지 않는다. 특히 홀이 시야 안에 들어온 경우에는 신경 쓰이지 않는 것이 이상한 일이다. 그렇다면 어떻게 하면 좋을까?

홀 외에 다른 것에 의식을 집중하는 것이다. 예를 들면 볼에 인쇄되어 있는 브랜드 네임이 있다. 볼을 세트할 때, 브랜드 네임이 볼을 칠 포인트가 되도록 한다.

이렇게 어드레스 시 페이스를 세트하면, 브랜드 네임에 퍼터의 가운데를 대는 일에만 의식을 집중하면 된다.

임팩트에서 머리나 상반신이 움직이는 사람은 퍼트 거리에 상관없이 항상 볼의 한 점을 보고 스트로크하는 습관을 들이면 좋다.

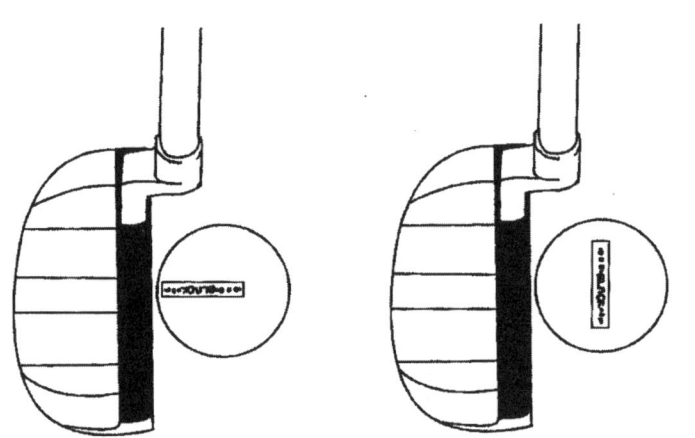

볼의 브랜드 네임과 퍼터의 중심을 맞추는 데 집중한다(일러스트 왼쪽).
스퀘어로 치기 위해 브랜드 네임을 표시로 삼는 방법도 있다(일러스트 오른쪽).

짧은 퍼트가 들어가지 않을 때는
백 스트로크를 2배로 한다

▶

라운드 중에 숏 퍼트가 들어가지 않을 때는 스트로크를 부드럽게 하지 못한 경우가 많다. 우선 숏 퍼트이기 때문에 라인을 잘못 읽는 일은 없다.

이럴 때 잭 니클라우스는 백 스트로크를 2배로 하고, 그 분량만큼 조금 가볍게 스트로크를 해서 수많은 위기를 탈출했다고 한다.

숏 퍼트의 백 스트로크는 아무래도 작아지기 마련인데, 그런 연유로 임팩트에서 헤드가 감속하는 '살짝 대기만 하는' 퍼팅을 하기 쉽다.

여기서 백 스트로크를 크게 하고 임팩트를 의식하지 말고 팔로스루를 해주면, 자연히 스트로크 자체가 좋아지고 헤드도 컨트롤할 수 있게 된다.

롱 퍼트의 스트로크는
'인 투 인'으로

퍼팅의 스트로크는 기본적으로는 '곧바로 당겨 곧바로 보내는' 것이다. 퍼터의 헤드가 라인에 대해 스퀘어한 방향을 유지한 채 평행 이동을 하는 것이 이상적이다.

숏 퍼트라면 이런 이미지로 하면 되지만 7~8미터 이상의 롱 퍼트에서는 스트로크 폭이 커지기 때문에 '곧바로 당겨 곧바로 보내는' 일이 매우 어려워진다. 무리하게 '곧바로 당기려고' 하면 페이스가 닫힐 것 같고, 볼은 생각한 라인보다 왼쪽으로 나가게 될 것이다.

롱 퍼트에서는 '곧바로 당기고 곧바로 보내는' 일 따위는 신경 쓰지 말자. 스트로크 폭이 커지기 때문에 퍼터는 조금 인사이드로 당기고, 팔로스루도 인사이드로 빼는 것이 자연스럽다. 손목은 고정한 상태여도 페이스의 방향이 '열리고 닫히는' 것은 당연한 일이다.

임팩트 때 헤드가 스퀘어라면 볼은 생각한 방향으로 굴러갈 것이다. 롱 퍼트는 너무 기계적으로 스트로크하지 않는 것이 좋다. 좋은 의미에서 대강 치는 것이 필요하다.

Round 4

| 3퍼트와 안녕을 고한다 |

거리감을 익히는 기본 힌트

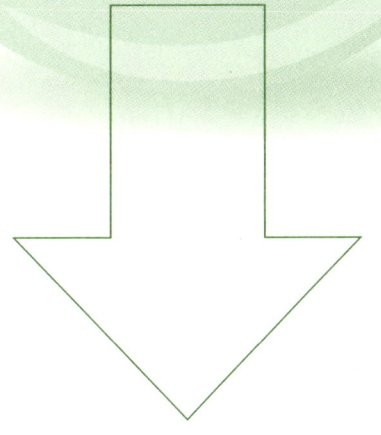

홀을 43센티미터 지나치게 쳐라

▶

골프에서 가장 유명한 격언은 '도달하지 않는 퍼트는 들어가지 않는다(never up never in)' 이다.

퍼팅은 거리감과 방향성 모두 중요하다. 하지만 굳이 어느 쪽이 더 중요한지 말하자면, 거리감이라고 생각한다. 라인이 올바르다고 해도 도달하지 않는 퍼트는 들어가지 않을 것이며, 롱 퍼트의 경우 방향은 덜 적당하더라도 거리감만 맞는다면 어떡하든 2퍼트로 해결될 것이기 때문이다.

물론 '도달하지 않는 퍼트는 들어가지 않는다.' 라고 해서 너무 세게 치면 설령 라인에 편승했어도 볼이 홀 건너편으로 날아가버린다.

그렇다면 어느 정도의 강도가 가장 적합할까?

미국에서 실제 코스의 그린을 사용해서 실험을 한 사람이 있다.

각 홀에서 거리 4미터, 약 8센티미터 곡선 라인을 설정, 홀의 스피드를 컨트롤할 수 있는 장치를 사용해서 18홀에서 여러 가지 스피드로 각각 100퍼트를 한다. 그 결과 각 스피드마다 홀에 들어갈 확률은 다음과 같이 나타났다.

1. 홀에 겨우 도달한 퍼트 → 8퍼센트
2. 홀을 13센티미터 오버한 퍼트 → 25퍼센트
3. 홀을 26센티미터 오버한 퍼트 → 50퍼센트
4. 홀을 38~51센티미터 오버한 퍼트 → 68퍼센트

홀을 50센티미터 이상 오버한 퍼트에서는 스피드가 빨라질수록 홀에 들어갈 확률은 낮아졌다.
또한 이 확률은 홀까지의 거리가 1미터이든 30미터이든 변함이 없다는 것도 알 수 있었다.
홀이라는 목표가 있으면 본능적으로 홀에 도달할 만한 빠듯한 거리로 치려고 하는데, 이래서는 홀에 들어갈 확률이 8퍼센트밖에 되지 않는다. 노려야 할 골은 홀보다도 43센티미터 앞에 있는 것이다.

볼이 굴러가는
스피드를 떠올린다
▶

5미터에서는 스트로크 진폭이 이 정도, 10미터라면 두 배…. 대부분의 골퍼는 홀까지의 거리를 스트로크의 크기로 계산한다. 물론, 이 방법이 잘못 되지는 않았다. 그러나 퍼팅의 명수는 거리를 스트로크의 크기로 계산하기 전에 반드시 생각하는 것이 있다. 볼이 굴러가는 '스피드'이다.

예를 들면 '10미터의 가벼운 오르막 라인' 이라는 대략적인 라인을 상정했다면 '맨 처음 굴러가는 속도가 10이라면 라인의 중간 정도에서는 6, 홀 근처에서는 경사가 심해지기 때문에 2, 만일 홀에 뚜껑이 있으면 홀 위를 40센티미터 정도 통과한 부근에서 완전히 속도를 잃고 볼이 멈출 것' 이라고 볼이 굴러가는 스피드의 변화를 명확한 영상으로 머리에 떠올려본다.

이상적인 스피드를 머릿속에 떠올릴 수 있다면 그 스피드를 내기 위한 터치나 스트로크의 크기는 자동으로 결정된다. 그 스피드라면 어느 정도 휘어질지 사전에 떠올리면서 비로소 본격적으로 라인을 읽는다.

퍼팅의 이미지 만들기 순서는 다음과 같다.

1. 스피드
2. 스트로크 크기

3. 라인

퍼팅 라인이 완전한 스트레이트 라인인 경우는 거의 없다. 게다가 '휘어지는 라인'은 볼의 스피드에 따라 홀에 들어갈 수 있는 라인이 여러 가지가 있다. 최초에 볼이 굴러가는 스피드를 생각해보지 않고서는 제대로 된 라인을 읽어낼 수 없는 것이다.

'스피드'라고는 해도 감이 오지 않는 사람은 볼을 치고 나서부터 홀에 들어갈 때까지의 시간을 떠올려보면 된다. 마음속으로 '1, 2, 3…'을 세어보면 볼이 굴러가는 스피드가 눈에 보인다.

거리감은 임팩트의 강도로 조절하지 않는다

▶

롱 퍼트에서는 너무 강하게 치는 실수를 하기 쉽다. '정확히 치지 않으면 도달하지 않는다.'라는 생각이 너무 강하면 임팩트 직전에 손목이 돌아가거나, 그립 프레셔를 세게 하여 헤드 스피드가 갑자기 올라간다. 이런 것이 너무 강하게 치는 현상으로, 홀을 크게 오버하게 된다.

그런가 하면 잔디 결이 홀 쪽으로 누워 있는 내리막 라인에서는 손끝만 사용해 살짝 대거나, 임팩트 순간에 퍼터 헤드를 급정지시켜 홀에 못 미치게 하는 실수도 많다.

이런 실수에는 공통점이 있다. 모두 거리감을 임팩트의 강도, 그러니까 손끝으로 조절하려는 데 있다.

정말 인간의 손끝은 재주가 좋아 손끝을 사용하면 거리감도 익히기 쉬울 것 같지만, 인간의 손끝은 섬세하기도 하다. 때문에 '정확히 치려고' 하거나 '살짝 대려고' 하는 의식이 너무 강하면 손끝은 그 의식에 과잉 반응 하기가 쉽다. 더구나 심리적 압박이 있는 상태에서는 손끝이 마비되어 퍼팅을 할 수 없게 되는 경우도 있다.

거리감은 어디까지나 스트로크 크기로 조절하는 편이 좋다. 올바른 스트로크는 등과 같은 '둔감하고 큰 근육'을 사용하기 때문에 프레셔가 걸린 상태에서도 잘 움직여준다.

친 다음에는 볼의 흐름을 눈에 새긴다

▶

볼을 친 다음, 프로 선수들은 대부분 임팩트 자세를 무너트리지 않고 볼을 계속 주시한다.

왜 볼을 계속 주시하는 것일까?

'컵인을 하는지 안 하는지를 보고 싶기 때문'이라고 생각하는 사람은 정보 수집 기회를 스스로 포기하는 것이다.

물론 프로라고 해도 컵인을 하게 될지 말지 그 결과를 알고 싶기 때문에 볼을 주시하겠지만, 비단 그 이유뿐만이 아니다.

프로는 볼이 자신이 생각한 스피드로 굴러가는지, 자신이 읽은 라인대로 볼이 휘어지는지 확인하기 위해 볼을 주시한다. 그리고 컵인을 하던 안 하던 볼의 흐름을 최후까지 지켜보고, 그 영상을 눈에 입력한다.

퍼팅을 할 때마다 자신의 스트로크 크기와 실제 볼 움직임을 눈에 입력해두면 '그날의 터치'를 조절하는 데 귀중한 정보가 된다.

'조금 전에 친 볼은 이 정도 터치였을 때 그 정도 스피드로 굴러갔다.'

그런 정보가 축적되면 될수록 터치가 잘 들어맞게 된다.

볼이 라인을 벗어나거나, 홀에 미치지 못하거나 오버하는 것을 확인하고는 볼을 눈으로 쫓는 일을 그만두는 사람이 있는데, 아쉬운 일이다. 볼의 흐름을 마지막까지 지켜보면 귀중한 정보로 축적된다.

내리막이나 오르막 퍼트는
홀의 위치를 앞뒤로 이동시킨다

몇 미터 떨어진 곳에 있는 쓰레기통에 뭉친 종이를 던져본다. 누가 던져도 그 정도의 거리감은 빗나가지 않을 것이다. 목표까지의 거리를 눈대중으로 측정하고 대충 이 정도의 힘으로 던지면(치면) 목표에 다다를 것이라고 추측하는 '눈짐작'은 상당히 정확한 편이다.

퍼팅에서도 평평한 그린이라면 눈짐작에 따른 거리감이 크게 빗

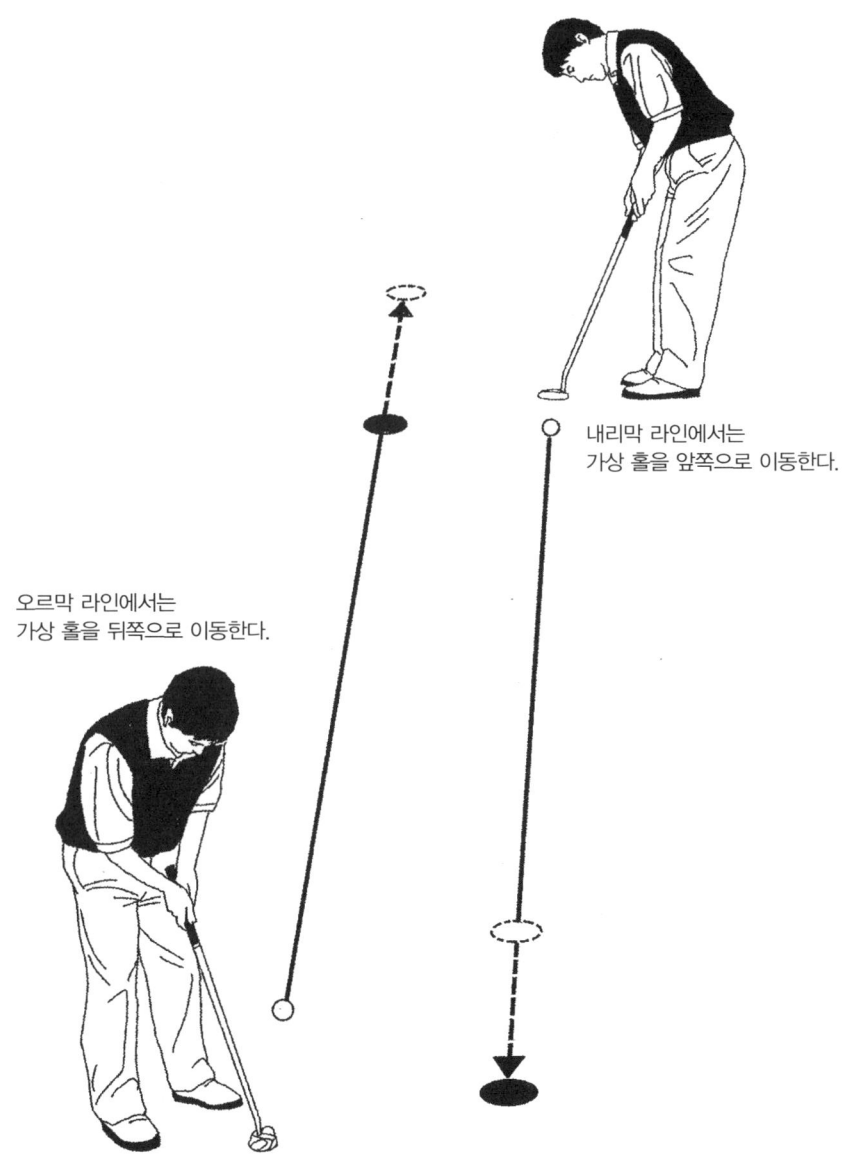

내리막 라인에서는
가상 홀을 앞쪽으로 이동한다.

오르막 라인에서는
가상 홀을 뒤쪽으로 이동한다.

거리감을 익히는 기본 힌트 ▶▶ **97**

나가지 않는다. 그런데 오르막이나 내리막에서 하는 퍼트에서는 많이 짧게 치거나 크게 오버하게 된다. 경사에 따른 구르기의 플러스 마이너스를 정확하게 계산하기란 프로 선수들에게도 어려운 일이다. 오르막이나 내리막에서 하는 퍼팅에서는 다음과 같이 단순화하는 방법도 있다.

오르막에서는 홀의 위치를 1미터 뒤로 이동해, 가상 홀을 목표로 한다. 내리막이라면 홀의 위치를 1미터 앞으로 이동해 역시 가상 홀을 노리고 퍼팅한다.

그때 거리감은 가상 홀까지의 눈짐작에 따르면 된다. 예를 들어 10미터 오르막 라인일 때, 가상 홀을 실제 홀보다 1미터 뒤에 설정한다면 평평한 그린에서 11미터 친다는 이미지로 퍼트를 하면 된다.

물론 증감하는 '1미터'라는 거리는 경사 정도나 그린의 빠르기에 따라 '2미터'가 되는 경우도 있을 것이다. 그런 것은 연습 그린에서 확인해둘 수밖에 없다.

퍼팅이 짧은 날은
홀 뒤에 가상 홀을 설정한다
▶

앞에서 소개한 '가상 홀'을 설정하는 방법은 경사가 있을 때 하는 퍼팅뿐만 아니라 하루 종일 퍼팅이 짧을 경우에도 사용할 수 있다.

퍼팅이 계속 짧으면 아무래도 '다음부터는 세게 쳐야겠다.'라는 생각을 하겠지만 그렇게 되면 너무 강하게 치기가 쉽다. 이럴 때는 가상 홀을 실제 홀의 1미터 뒤에 설정하고 그때까지 치던 터치를 바꾸지 말고 퍼팅해본다.

반대로 그린이 빠르고 오버만 하는 날은 홀 바로 앞에 가상 홀을 상정하면 좋다.

라운드 중에 '그날의 터치'를 바꾸기가 어려우므로 그에 맞춰 가상 홀을 설정하면 '그날의 터치' 대로 퍼팅할 수 있다는 뜻이다.

롱 퍼트에서 3퍼트 하지 않으려면 오르막 퍼트를 남긴다

▶

프로 골퍼라도 15미터 이상 되는 롱 퍼트는 '3퍼트 하지 않을 것'을 최우선으로 생각한다. 2퍼트로 충분하다. 1퍼트는 뜻밖의 행운이라 할 수 있다.

롱 퍼트를 2퍼트로 수습하기 위해서는 오르막 퍼트를 남긴다. 3퍼트 하지 않기 위해서는 기본적으로 이렇게 생각하지만, 아마추어 중에는 홀만 안중에 있어 '다음 퍼트' 같은 것은 전혀 생각하지 않는 사람도 많다.

1미터의 오르막과 50센티미터의 내리막. 어느 쪽 퍼트가 쉬울지는 말할 필요도 없다. 롱 퍼트를 3퍼트 하는 일은 대개 어려운 세컨드 퍼트가 남았을 때와 같은 상황이다. 3퍼트 하지 않기 위해서 퍼

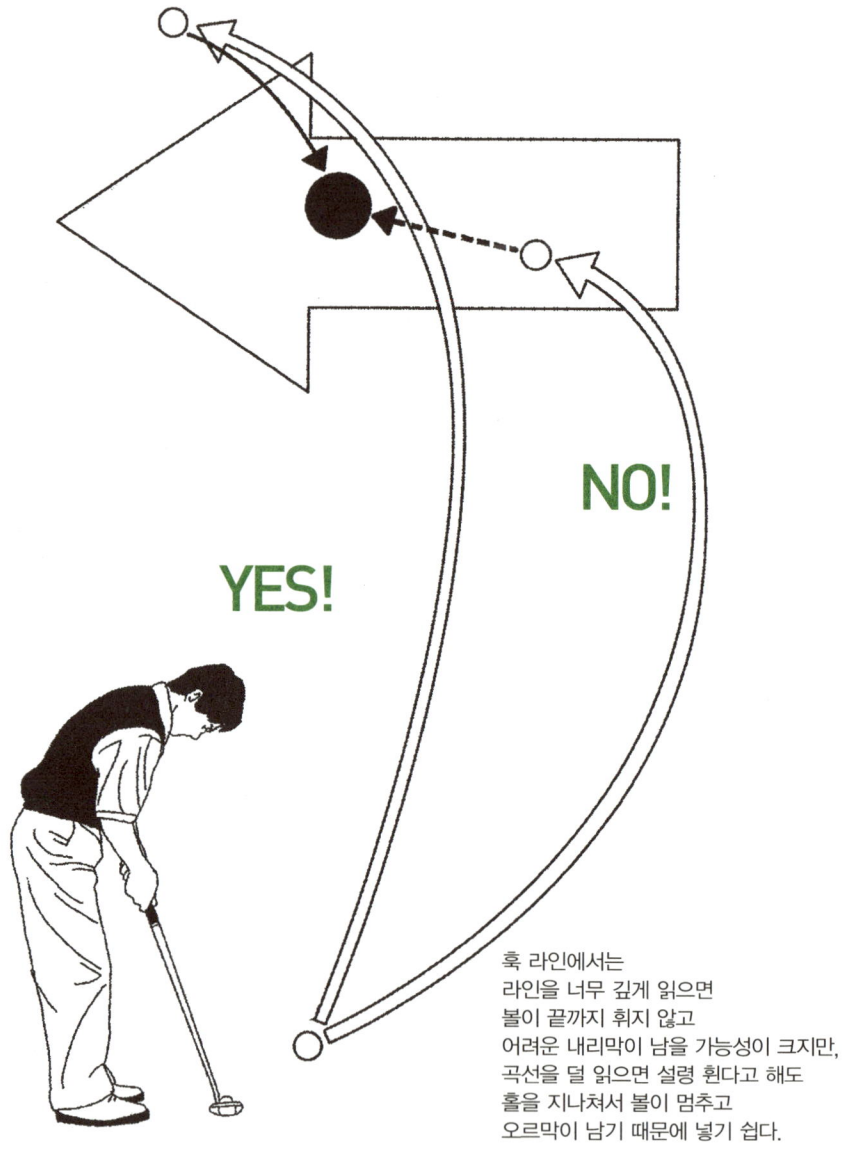

훅 라인에서는
라인을 너무 깊게 읽으면
볼이 끝까지 휘지 않고
어려운 내리막이 남을 가능성이 크지만,
곡선을 덜 읽으면 설령 휜다고 해도
홀을 지나쳐서 볼이 멈추고
오르막이 남기 때문에 넣기 쉽다.

스트 퍼트에서 목표를 겨냥하지 말라는 의미가 아니다. 겨냥은 하지만 들어가지는 않더라도 쉬운 오르막 라인이 남아 있도록 해야겠다는 생각으로 터치와 방향성을 잡아야 한다.

라인별 기본적인 사고방식을 소개해보겠다.

- 오르막의 롱 퍼트 → 큰 오버만 피한다(너무 강하게 치지 않는다).
- 내리막의 롱 퍼트 → 홀에 훨씬 못 미치게 치지 않는다(너무 위축되지 않는다).
- 곡선의 롱 퍼트 → 경사를 조금 적게 본다(곡선을 너무 의식하면 볼이 생각한 대로 휘지 않고 홀 앞에서 멈춰 내리막이 남을 가능성이 크다).

롱 퍼트에서 3퍼트 하지 않기 위해서는 홀 주변의 경사도 확인하고 에이밍하는 중에도 다음 퍼트를 염두에 두고 퍼팅을 해야 한다.

롱 퍼트는 거리를 2~3등분하여
거리감을 익힌다

▶

15미터 이상의 롱 퍼트와 직면하게 되면 전혀 거리감을 알 수 없다는 아마추어 골퍼가 적지 않다. 한 달에 한 번 하는 골프라고 하더라도 5미터 거리에서의 퍼트라면 거리감을 알 수 있을 것이다.

그렇다면 15미터의 롱 퍼트도 그다지 어렵지 않다. 15미터를 3등분해서 '5미터 퍼트 × 3'으로 생각하면 된다.

우선 홀까지의 거리를 3등분하고, 최초의 5미터 지점을 보면서 5미터분의 연습 스윙을 한다.

다음은 10미터 끝 지점을 보면서 10미터분의 연습 스윙을 한다.

마지막으로 홀을 보면서 15미터분의 연습 스윙을 한다.

이런 단계적인 연습 스윙에서는 목표가 멀리 있을수록 상반신을 세우게 되므로 눈높이가 달라지겠지만, 그래도 괜찮다. 이는 신체(자세)가 서서히 15미터 거리에 익숙해진 증거로 이런 동작을 취함으로써 롱 퍼트에 대한 이미지가 생겼다면 그 이미지가 없어지기 전에 스트로크를 한다.

프로 골퍼 중에는 롱 퍼트 전에 라인의 중간 부근에서 연습 스윙을 하는 사람이 많은데, 거리를 2등분함으로써 거리감을 쉽게 알려는 것이다.

예를 들면 아니카 소렌스탐도 그중 한 사람이다. 그녀는 롱 퍼트

예를 들면 15미터 롱 퍼트에서는
'5미터 퍼트 × 3'으로 생각한다.
5, 10, 15미터로 거리를 연장하면서
연습 스윙도 크게 해나간다.
이때 거리가 길어지면 길어질수록
상체가 일어서게 되는데 크게 상관없다.

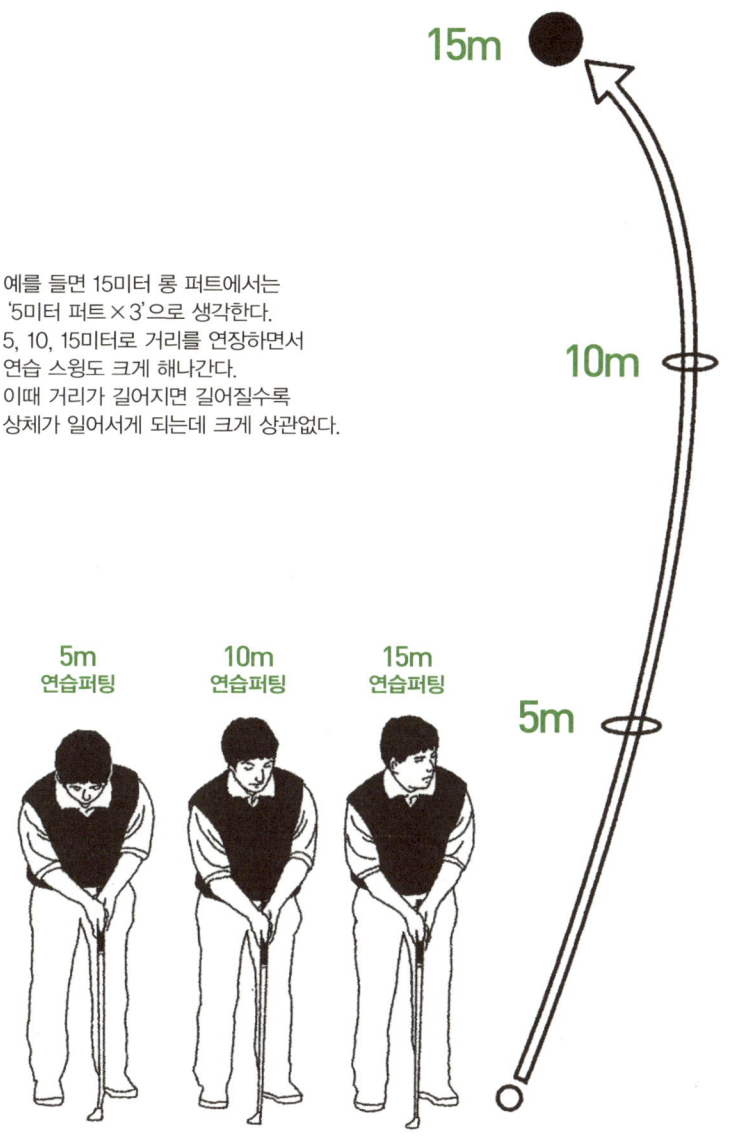

거리감을 익히는 기본 힌트

에서는 중간점을 결정하고, 중간 포인트를 통과하는 볼의 모습을 떠올린다고 한다. 2등분으로 하든 3등분으로 하든 거리에 따라 결정하면 되겠다.

롱 퍼트에서는
하반신을 사용해도 된다

퍼팅에서는 무릎이나 허리 등 하반신을 움직이지 않는 것이 기본이다. 하반신은 단단히 고정한다. 상반신의 기울기 각도와 머리 위치

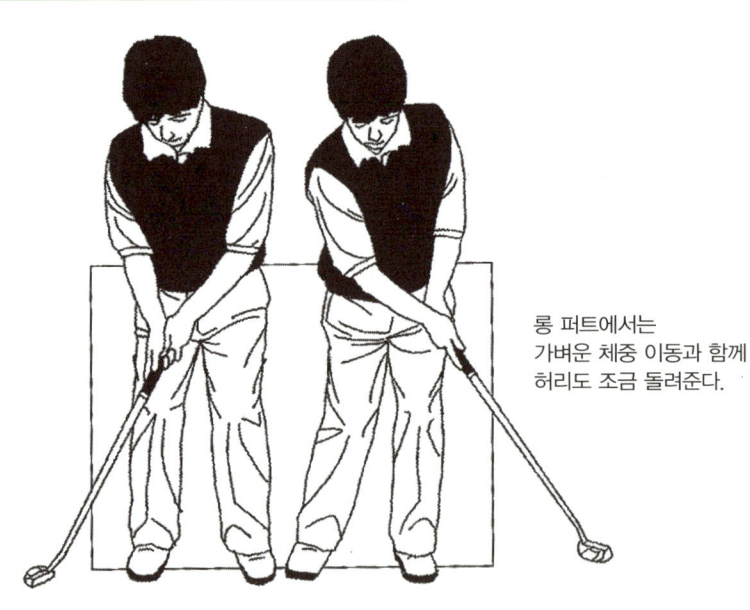

롱 퍼트에서는
가벼운 체중 이동과 함께
허리도 조금 돌려준다.

를 유지하고, 어깨의 움직임으로 스트로크를 한다.

그러나 15미터 이상 되는 롱 퍼트일 경우에는 꼭 그럴 필요가 없다. 예를 들면 볼을 던질 때 거리가 길어질수록 하반신을 사용하는 정도가 커지는데, 퍼팅도 당연히 그렇게 해야 한다. 롱 퍼트인데 절대로 하반신을 움직이지 않겠다고 하면 오히려 스트로크가 어색해지기 때문이다.

롱 퍼트를 할 때 하반신의 움직임은 기본적으로는 짧은 어프로치와 같다. 가벼운 체중 이동과 함께 아주 조금 허리를 돌린다. 그러면 퍼터의 궤도가 조금 인 투 인이 된다.

하반신을 어느 정도 사용하면 볼이 얼마나 굴러갈지는 연습 그린에서 시험해보는 것이 좋다.

롱 퍼트에서는
스탠스 폭을 넓게 한다
▶

어프로치 샷을 할 때는 거리가 짧으면 스탠스 폭이 좁고, 거리가 길수록 조금씩 스탠스 폭이 넓어진다. 짧은 거리의 어프로치에서는 스윙 아크가 작기 때문에 스탠스 폭이 좁은 편이 부드럽게 스윙할 수 있기 때문이다. 반대로 거리가 길 때 어프로치는 스윙 아크가 커지기 때문에 스탠스 폭을 넓게 하지 않으면 몸이 흔들린다.

퍼팅에서도 마찬가지라고 말할 수 있다.

앞에서 롱 퍼트를 할 때는 하반신을 조금 사용하는 편이 좋다고 했는데, 그러기 위해서는 스탠스 폭도 조금 넓히는 것이 좋다. 스탠스 폭을 넓게 하면 스트로크 폭이 커져도 하반신이 동요하지 않는다.

또 롱 퍼트의 궤도는 인 투 인이 되지만 스탠스를 넓게 하면 인 투 인으로 당기는 정도가 작아진다. 그만큼 임팩트에서 스퀘어로 맞출 정확성이 높아진다.

초특급 롱 퍼트는
어프로치 샷의 이미지로
▶

롱 퍼트를 칠 때 하반신의 움직임은 짧은 어프로치와 마찬가지라고 설명했다. 하지만 20미터나 되는 롱 퍼트일 때는 그린 밖에서 어프로치를 한다는 요량으로 치는 것이 좋다고 아오키 이사오 프로는 말한다(《현자의 골프》 중에서).

20미터를 모두 굴리는 일은 어렵지만 7번 아이언으로 5미터 캐리하고, 15미터 굴러가게 한다. 이런 생각으로 치는 것이 홀에 붙일 가능성이 높다는 말이다.

아오키 프로는 '오른손의 감각을 살리고, 자연스럽게 헤드를 스트로크해 준다(중략). 굴리는 러닝 어프로치는 롱 퍼트처럼, 롱 퍼트는 어프로치를 하는 것처럼 친다. 이런 유연한 생각이 볼을 편하게 원 퍼트 권내로 붙이게 된다.'라고 말한다.

러닝 어프로치를 잘하는 골퍼라면 맞는 말이라고 수긍할 것이다. 어프로치에 자신이 없는 사람이 이 방법을 실행하면 그린 위에서 낭패를 보기 십상이니 주의해야 한다.

롱 퍼트에서는
핀을 뽑지 않는다
▶

라운드 중에 롱 퍼트를 칠 상황이 되면, 캐디가 핀을 뽑아주는 일이 있다.

이럴 때 캐디를 배려해 '홀은 보이니까 핀을 뽑아도 된다.' 라고 말하는 골퍼가 적지 않다. 상대가 캐디가 아니라 함께 라운딩을 하는 사람이라면 더더욱 신경이 쓰여, 사실은 홀이 조금밖에 보이지 않는데도 '뽑아도 된다.' 라고 말하는 골퍼도 많을 것이다.

그러나 홀이 잘 보이지 않을 때 누군가에게 핀을 가져다주는 일은 매너 위반이 아니다. 이른바 골퍼의 권리다. 아니, 홀의 위치가 정확히 보이더라도 10미터 이상 되는 롱 퍼트에서는 핀을 뽑지 않는 것이 좋다.

이유는 단순하다. 핀이 보이고 그 옆에 사람이 있으면 목표가 더 확실해지고, 홀까지의 거리감을 갖기가 쉽기 때문이다.

수십 미터 앞에 겨우 보이는 작은 홀보다 핀과 사람이 있는 넓은 지역을 노리는 쪽이 컵인할 가능성이 훨씬 높기 때문이다.

내리막의 빠른 퍼트는
그립을 단단히 잡는다

▶

볼에 살짝 닿기만 해도 5미터 이상 굴러갈 것 같은 급경사의 내리막. 이런 경사면에서는 크게 오버를 하거나 짧게 쳐도 3퍼트, 실수하게 되면 4퍼트 하는 일이 드물지 않다.

이럴 때는 라인에 태우는 데 집중해 처음부터 아예 홀에 집어넣는 것이 좋다. 붙이려고 하면 짧게 쳐서 내리막이 남게 된다.

이럴 경우 포인트는 그립을 단단히 잡고 페이스가 절대로 바뀌지 않도록 할 것. 그리고 임팩트의 힘을 조절하려 하지 말고 어디까지나 천천히 스트로크를 해야 한다.

넣으려고 마음먹은 이상 오버하는 것은 어쩔 수 없다. 넣지 못할 경우 오르막 퍼트가 남는다.

퍼스트 퍼트의 궤적을 잘 기억하고 있으면 나머지 라인은 알 수 있을 것이다. 용기를 갖고 넣어야 한다.

내리막의 빠른 퍼트는
퍼터의 토우로 친다

이것은 잘 알려지지 않은 비법이다. 내리막 급경사 상황에서는 퍼터 가운데를 일부러 벗어나 토우(끝) 부근으로 치는 방법이 있다.

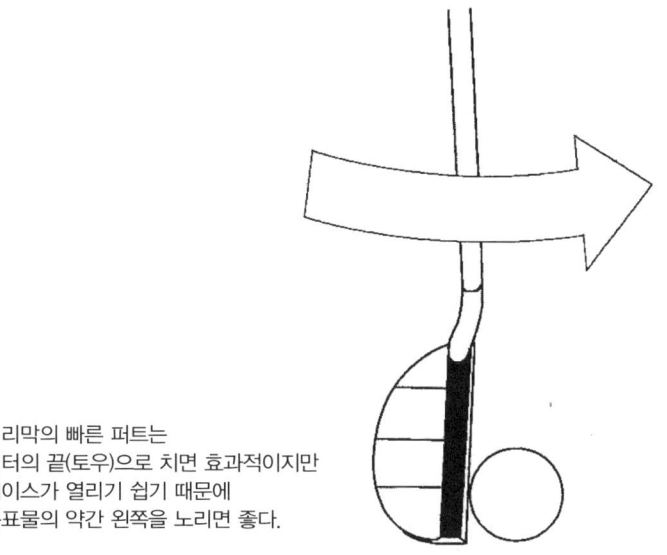

내리막의 빠른 퍼트는
퍼터의 끝(토우)으로 치면 효과적이지만
페이스가 열리기 쉽기 때문에
목표물의 약간 왼쪽을 노리면 좋다.

 토우 부근으로 친 볼은 구르기가 좋지 않지만, 크게 오버하는 일은 없다.

 다만 토우 부근에서 치려고 하면 임팩트에서 페이스가 열리기 쉬워 타깃의 약간 왼쪽을 노리는 것이 요령이다.

 이러한 비법은 미리 단단히 준비하지 않고는 실전에서 실패할 수 있다. 연습 그린에서 일종의 놀이로 시도해보면 어느 순간에 도움이 된다.

2단 그린의 1층과 2층은
모두 평평하다고 할 수 없다
▶

2단 그린이나 3단 그린일 경우 오르막이든 내리막이든 거리감을 전혀 알 수 없다는 골퍼가 많다. 대충 감으로 스트로크를 해도 오르막에서는 언덕을 넘지 못하고 되돌아오고, 내리막에서는 언덕 앞에서 멈춰버린다. 다시 어려운 퍼팅을 하지 않으면 안 되는 상황이 되고 마는 것이다.

우선 계단 그린에서는 2퍼트로 끝내는 것을 목표로 삼아야 한다.

그러면 2퍼트로 해결하기 위해서는 어떻게 하면 좋을까?

가장 중요한 것은 그린에 오르기 전에 전체 경사면을 확인해두는 일이다. 계단이 있는 그린에서는 일단 그린에 올라서게 되면 언덕에만 신경이 팔려 '1층'이나 '2층'은 평평하다고 생각하기 쉬운데, 전혀 그렇지 않다. 2단 그린은 대개 그린 전체가 이어져 있다.

1층이나 2층 그린에도 경사가 있는데 그것을 깨닫지 못하면, 오르막 퍼트에서는 언덕을 넘었다고 해도 홀까지 아직 많이 남았거나, 내리막 퍼트에서는 언덕을 내려간 후에도 기세가 멈추지 않아 크게 오버하게 된다.

2단 그린에서는 언덕뿐만 아니라 각 층의 그린 경사도 같이 체크하는 것이 첫걸음이다.

2단 그린의 오르막은
언덕을 올라가는 스피드를 떠올린다
▶

2단 그린의 오르막 퍼트에서 1층과 2층의 그린 경사를 체크했다면, 다음은 계단(언덕)을 공략할 차례이다.

여기서 중요한 것은 스피드에 대한 이미지이다. '이 정도 터치(진폭)라면 몇 미터 굴러간다.'라는 것이 아니라 '이 터치라면 이 정도 스피드로 굴러간다 → 이 정도 스피드로 언덕을 올라간다.'라는 것을 상상해보는 것이다.

나카지마 쓰네유키 프로는 이렇게 말한다.

"언덕을 올라갈 때 필요한 스피드를 떠올리고, 언덕 입구, 다 올라간 언덕의 출구, 그동안의 스피드만을 의식한다. 많은 것을 생각하지 않고 언덕길을 올라가는 스피드를 몇 번이나 떠올린다."

전체 스피드가 아니라 언덕을 올라가는 스피드만 떠올린다는 점이 과연 프로가 아니고는 생각할 수 없는 지혜라고 할 수 있다.

프로라도 두 가지를 동시에 떠올리기는 어렵다. 2단 그린과 같이 어려운 라인에서는 이렇게 심플한 생각이 결국 좋은 결과를 낳는다.

언덕을 올라가는 스피드

2단 그린의 오르막에서는
언덕을 올라가는 속도를 이미지화하고,
2단 그린의 내리막에서는
언덕 앞에서 볼을 멈출 정도의
감각으로 치고, 볼이 언덕을 자연스럽게
굴러 떨어지는 이미지로 친다.

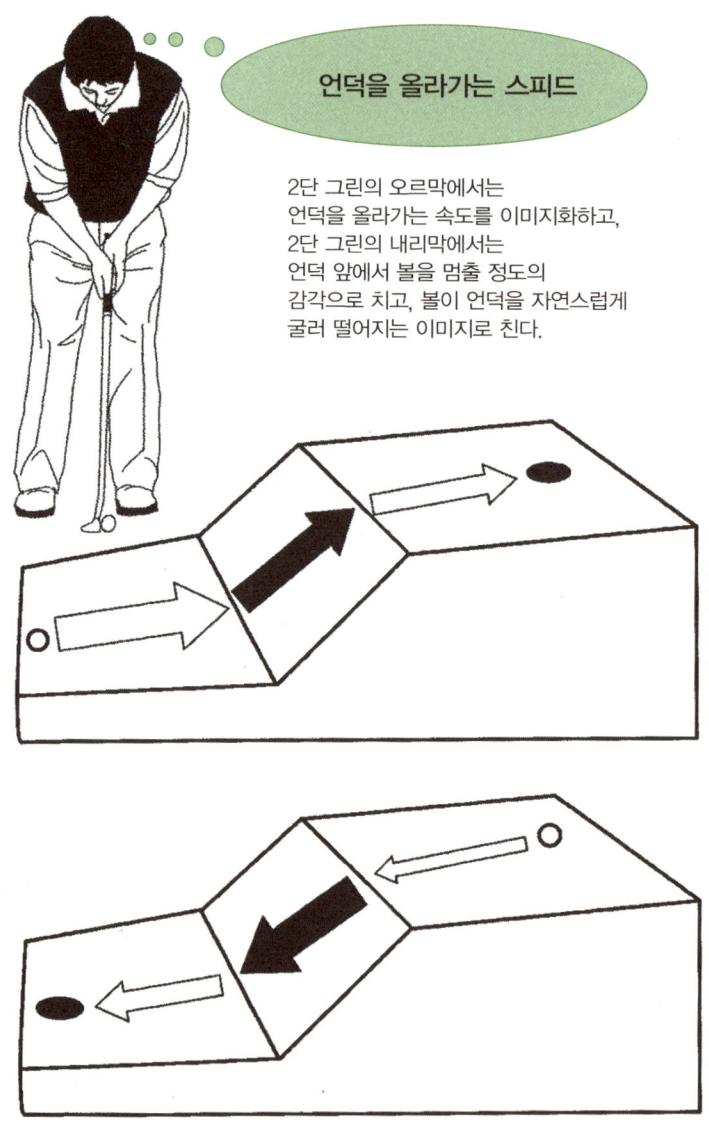

2단 그린의 내리막은
언덕 앞에서 볼을 멈출 작정으로
▶

2단 그린의 내리막은 언덕을 굴러 내려가는 스피드를 떠올리기가 어렵다. 왜냐하면 언덕을 굴러 내려가는 것은 골퍼가 볼에 가한 파워가 원인이라기보다 중력과 관성에 따른 것이기 때문이다.

이런 라인에서 골퍼가 할 수 있는 일은 라인을 읽고 언덕 앞에서 볼을 멈출 작정으로 치는 정도밖에 없다.

2단 그린의 1층은 위에서 보면 대개 내리막의 경사면으로 되어 있다. 따라서 언덕 앞에서 멈출 것 같은 스피드로 언덕을 내려가기 시작한 볼이 언덕을 내려간 후에도 상상 이상으로 굴러간다. 빠른 그린에서는 그린 밖으로 나가버리는 경우도 드물지 않다. 물론 홀의 위치나 잔디 상태에 따라 영향을 받기도 하지만 대부분의 경우, 속력을 잃기 직전까지 언덕을 내려간 볼은 결국 홀을 오버할 것이다.

그런 의미에서 2단 그린의 내리막은 언덕 앞에서 볼을 멈출 작정으로 치는 정도가 가장 좋다. 그러기 위해서는 어디부터 언덕이 시작되는지를 읽어둬야 한다. 2단 그린의 2층도 완만한 내리막 경사로 되어 있는 경우가 많기 때문에 가상 홀은 언덕이 시작되는 바로 앞에 설정해두자.

2단 그린에서는
계단 차를 거리로 대치한다
▶

'언덕을 올라가는 속도'를 떠올리기란 라운드 경험이 적은 주말 골퍼에게는 상당히 어려운 일이다.

이럴 때 '방정식'에 따르는 방법이 있다.

방정식이란 계단 차를 거리로 대치하는 것이다. 예를 들면 1미터의 계단 차를 쳐 올릴 때는 실제 거리에 3걸음(3야드) 플러스한다. 반대로 1미터의 계단 차를 쳐 내릴 때는 실제 거리에서 3걸음(3야드) 마이너스하여, 그곳에 가상 홀을 설정하여 퍼팅한다는 뜻이다.

물론 3걸음(3야드)이란 어디까지나 목표지만, 처음에는 어차피 무리라고 생각하면서 퍼팅 연습을 해보자. 그 결과를 머리에 잘 새겨두면 점차 2단 그린의 거리감이 생겨난다.

오전과 오후는
터치가 달라야 한다

오전 중 라운드에서는 그린이 빠르다가 오후가 되면서 느려지거나, 반대로 오전 중엔 느렸지만 오후에는 빨라지는 경우가 있다. 오전과 오후는 기온이나 바람, 그린의 습한 정도, 잔디의 발육 상태가 다르기 때문이다.

예를 들어 여름에는 잔디의 발육이 좋기 때문에 오후가 되면 잔디가 자라 갑자기 그린이 느려진다.

겨울에는 아침 이른 시간엔 그린이 얼어 있어 그린이 상당히 빠르다. 시간이 지나 그린이 녹게 되면 축축해져서 느려진다. 날씨가 좋을 때는 오후가 되면 축축하던 그린이 건조해져 다시 빨라지는 경우도 있다.

또한 아침 시간에는 바람이 없었는데 오후가 되어 바람이 불면 그린 표면이 건조해져 빨라지는 경우도 있다.

어떤 경우든 그린의 속도는 기상 조건에 따라 시시각각 변한다. 빨라진 것 같다고 생각되면 그만큼 가상 홀을 바로 앞에 설정하자. 그린이 빨라지면 그만큼 볼이 휘어지기도 쉽다. 곡선 라인의 경우 곡선을 더 의식하고(깊게) 읽는 편이 좋다.

비가 올 때 경사는 적게 보고, 터치는 강하게

▶

그린의 빠르기는 기상 조건에 따라 변한다고 했는데, 그중에 비가 올 때 영향을 가장 많이 받는다.

비가 내려 축축해진 그린은 당연히 무겁다. 이럴 때 그냥 강하게 치기만 해서는 아무리 시간이 흘러도 거리감을 맞출 수 없다. 부슬부슬 내리는 비라면 평상시보다 20퍼센트 정도 높이고, 그린에 물이 차기 시작할 정도로 억수같이 내리는 비라면 평상시의 두 배 거리로 쳐야 한다. 이처럼 자기 나름의 '우천용 방정식'을 만들어두고, 그에 따라 조정하면서 빨리 그날의 그린 빠르기에 맞춰야 한다.

비가 예상되는 날에는 홀 주변에 물이 차지 않도록 홀을 높은 곳에 만들어놓는다. 이 경우 골(낮은 지대)을 가로지르는 라인일 때 특히 주의해야 한다. 골은 빗물이 흐르는 길이 되어 다른 곳보다 무거워져 있다. 그 양만큼 강한 터치로 스트로크를 하지 않으면 안 된다.

비는 라인도 변화시킨다. 축축하고 무거운 그린은 휘어짐이 적어진다. 홀이 높은 곳에 만들어져 있다면 비가 오는 날은 오르막 라인이 많아질 것이다. 경사는 적게 보고 세게 치는 것이 비 오는 날의 퍼팅 철칙이다.

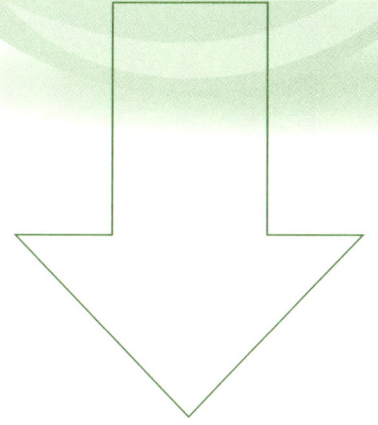

Round 5

| 더 이상 방황하지 않는다 |

올바른 라인 읽기의 힌트

그린에 올라가기 전에
라인을 대강 읽어둔다

▶

비나 바람의 영향을 제외하면 퍼팅의 라인을 결정하는 것은 경사, 잔디 상태, 그린의 빠르기 세 가지이다. 이 중에서 가장 라인에 영향을 많이 주는 것이 경사이다.

따라서 대부분의 골퍼는 우선 라인이 오르막인지 내리막인지를 읽고, 그런 다음 좌우로 얼마만큼 휘어질지를 읽으려 한다.

그런데 오르막인데 내리막으로, 내리막인데 오르막으로 착각하도록 만들어진 그린이 적지 않다. 오르막과 내리막을 반대로 읽어서는 크게 못 미치거나 오버하는 게 당연하다. 이런 실수를 하지 않기 위해서는 그린에 올라가기 전에 대충 그린 형상을 파악해둬야 한다.

그린이란 일단 그 안에 들어가게 되면 어디가 높고 어디가 낮은지 구분하기가 어려워진다. 그러나 그린 밖에서는 그린의 고저 차이를 잘 알 수 있다. 예를 들면 파4 홀에서 제2구를 그린에 올렸다면 그린으로 향하면서 그린 전체의 언듈레이션(undulation, 그린 표면에 만든 기복)을 보고 볼이 내리막 경사에 있는지, 오르막 경사에 있는지를 확인해둬야 한다.

맨 처음 그린의 가장 높은 곳을 살펴보는 것이 핵심이다. 가장 높은 곳을 알았다면 자신의 볼과 홀을 연결한 라인이 오르막인지 내리막인지를 잘못 파악하는 일은 없을 것이다.

빗나가기 쉬운 라인과
잘 맞는 라인의 공식

▶

라인 읽는 법을 소개하기 전에 '라인의 공식'을 기억해두자.

다음 표는 상황별로 본 '빗나가기 쉬운 라인'과 '빗나가기 어려운 라인'이다. 라인을 바르게 읽기 위해서는 이 공식을 반드시 외워두어야 한다.

요소	빗나가기 쉽다	잘 빗나가지 않는다
경사	경사가 있다	평평함
오르막과 내리막	내리막	오르막
그린의 견고함	딱딱하다	부드럽다
그린의 습도	건조하다	습하다
그린의 잔디 길이	짧다	길다
라인의 잔디 결	가로결, 순결(치는 방향)	역결
잔디의 종류	금잔디	벤트그래스
시간대	오전	오후

빗나가기 쉬운 라인은 빠르고, 빗나가기 어려운 라인은 느리다는 것이 기본이다. 연습 그린에서 빠르다고 생각될 때는 이론적으로 휘어짐도 계산에 넣는 것이 좋다.

그레인(잔디 결)을 읽는 기본 공식

▶

라인에 영향을 주는 '그레인'에 대해서도 기본적인 공식을 소개하겠다.

그린에서 사용하고 있는 잔디는, 크게 구별하자면 벤트그래스와 금잔디 두 종류가 있다. 앞 쪽 표에도 기술했듯이 빗나가기 쉬운 잔디는 금잔디 쪽이다. 프로 골퍼 중에는 벤트그래스가 있는 그린에서는 그레인을 읽을 필요가 없다고 단정하는 사람도 있다.

실제로 벤트그래스의 그레인은 경사와 일치하는 경우가 많으니 (그린의 낮은 쪽으로 향한다), 너무 예민하게 대응할 필요는 없다.

문제는 금잔디로 된 그린이다. 금잔디 그린에서 벤트그래스 때와 마찬가지로 퍼팅을 하게 되면 홀 바로 앞에서 미묘하게 빗나가는 일이 많다. 그만큼 잔디 결이 빽빽하다. 따라서 금잔디에서는 힘껏 치는 것이 기본이다.

그레인을 읽을 때는 다음과 같은 사항이 기본이다.

- 산에서 길(바다)로 향한 잔디
- 산에서 연못 방향으로 향한 잔디
- 물이 흐르는 방향으로 향한 잔디
- 사람이 걷는 방향(다음번 칠 홀 쪽으로 향한 길)으로 향한 잔디
- 옅고 희뿌옇게 보이는 잔디(짙게 보이면 반대 결)

높은 산이 가까이 있는 코스나 해변가 근처 코스에서는 벤트그래스라도 그레인이 상당히 뚜렷하다. 그런 코스를 처음 라운드할 때는 반드시 캐디에게 그레인을 확인하는 것이 좋다.

그레인과 경사의 '이차방정식' 푸는 법

▶

결이 부드러운 벤트그래스의 경우 경사와 그린의 빠르기를 알아두면 자연스럽게 라인이 보인다.

그러나 결이 빡빡한 벤트그래스나 금잔디일 경우는 경사와 그린의 빠르기만으로는 안 된다. 거기에 그레인이라는 요소를 첨가해야만 라인을 읽을 수가 있다.

간단히 말해 '그린의 빠르기'라는 요소를 제외하면, 그레인이 빡빡한 그린은 그레인과 경사의 '이차방정식'을 풀어야 한다.

기본적인 '공식'은 다음과 같다.

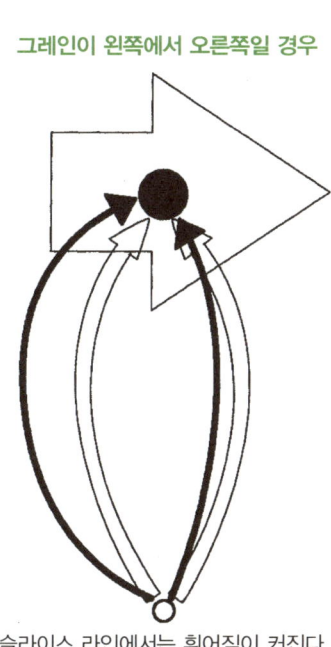
그레인이 왼쪽에서 오른쪽일 경우
슬라이스 라인에서는 휘어짐이 커진다.
훅 라인에서는 휘어짐이 작아진다.

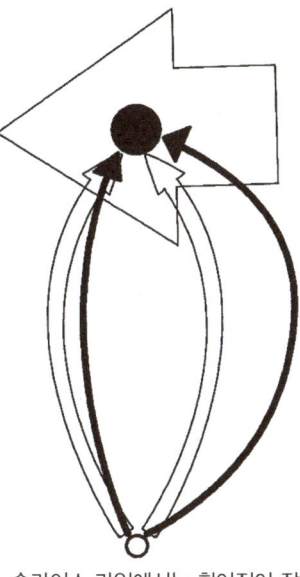
그레인이 오른쪽에서 왼쪽일 경우
슬라이스 라인에서는 휘어짐이 작아진다.
훅 라인에서는 휘어짐이 커진다.

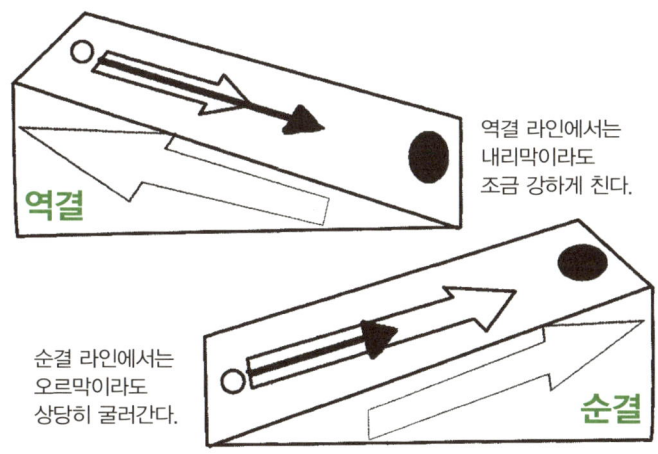
역결 라인에서는 내리막이라도 조금 강하게 친다.

순결 라인에서는 오르막이라도 상당히 굴러간다.

- 슬라이스 라인에서 그레인이 오른쪽에서 왼쪽 → 휘어짐이 작아진다.
- 슬라이스 라인에서 그레인이 왼쪽에서 오른쪽 → 휘어짐이 커진다.
- 훅 라인에서 그레인이 오른쪽에서 왼쪽 → 휘어짐이 커진다.
- 훅 라인에서 그레인이 왼쪽에서 오른쪽 → 휘어짐이 작아진다.
- 역방향 라인 → 내리막이라도 조금 강하게.
- 순방향 라인 → 오르막이라도 상당히 굴러간다.

홀 주변 그레인을 꼼꼼하게 읽는다

▶

프로 토너먼트에서 프로들은 퍼팅 전에 홀 주변을 꼼꼼히 체크한다. 홀 주변의 그레인이나 스파이크 마크 같은 요철을 체크하는 것이다.

임팩트 직후의 볼은 속도가 붙어 그레인이나 경사, 작은 요철에도 불구하고 스트레이트로 굴러가지만, 홀에 가까워짐에 따라 스피드가 줄어든다. 그만큼 그레인이나 경사, 그린의 요철에 영향을 받기 쉽기 때문에 프로가 홀 주변 그레인을 세심하게 살펴보는 것은 당연한 일이다.

특히 그레인이 빡빡한 그린에서는 홀 주변의 그레인이 순방향인지 역방향인지에 따라 홀의 입구가 미묘하게 달라지는 경우도 있다.

예를 들면 가벼운 훅 라인의 경우 홀의 입구는 아래 일러스트처럼 홀의 오른쪽 사이드가 된다.

그런데 홀 주변이 순방향이라면 홀 오른쪽으로 칠 경우 볼에 속도가 붙어 홀 구멍에서 빙그르르 돌고 빗나가는 일이 있다. 이럴 때는 홀 앞쪽을 겨냥하는 것이 기본이다.

반대로 홀 주변의 잔디 결이 역방향일 경우는 홀 입구의 오른쪽 부근을 겨냥한다. 바로 앞쪽 부근을 겨냥하면 홀 바로 앞에서 그레

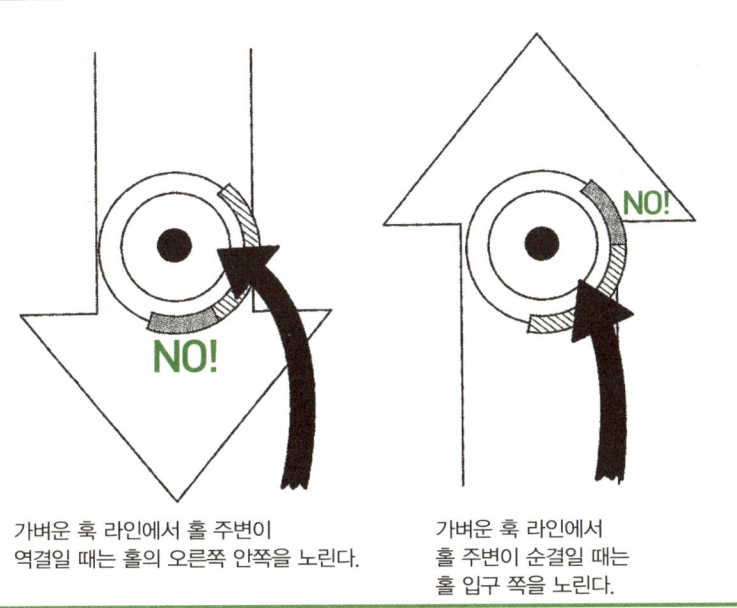

가벼운 훅 라인에서 홀 주변이
역결일 때는 홀의 오른쪽 안쪽을 노린다.

가벼운 훅 라인에서
홀 주변이 순결일 때는
홀 입구 쪽을 노린다.

인에 걸려 볼의 기세가 급격히 수그러들어 빗나가기 십상이다. 오른쪽 안쪽을 겨냥하면 그만큼 강하게 칠 수 있기 때문에 컵인 확률이 높아진다.

홀을 43센티미터
오버할 만한 터치로 라인을 읽는다
▶

'거리감을 갖는 방법' 파트에서 퍼트는 '홀을 항상 43센티미터 오버할 작정으로 쳐야 한다.'라고 말했다. 그 정도 스피드(터치)일 때가 가장 컵인하기 쉽기 때문이다. 그렇다면 라인을 읽을 때도 상정한 라인은 '홀을 43센티미터 오버할 작정으로 쳤을 때의 라인'이어야 한다는 것을 알 수 있다.

　일반 골퍼는 라인의 종점(볼이 멈추는 곳)을 컵으로 생각하는 경향이 있다. '저스트 터치, 저스트 인'이라는 의미지만 그 타법으로는 컵인시키기 위한 터치도 라인도 하나밖에 없는 셈이다. 이것은 퍼팅을 일부러 어렵게 하는 것과 같다. 실제로 그런 타법으로는 홀에 미치지 못하든지, 경사나 그레인에 꺾여 바로 앞에서 끊기는 경우가 허다하다.

　진정한 라인의 종점은 홀을 지난 43센티미터 지점에 있다. 홀은 종점과 볼을 연결한 라인 상에 있으며, 만일 홀에 뚜껑이 덮여 있으면 볼은 홀 위를 통과하게 된다.

예를 들면 평평한 4미터 슬라이스 라인이 있다고 하자. 이것을 저스트 터치로 컵인시키려고 하면 오른쪽 그림과 같이 라인을 두껍게(많이 휘어질 것을 고려해서) 읽고 또한 문자 그대로 '저스트 터치'가 필요하다.

그러나 처음부터 43센티미터 오버할 작정으로 터치한다면 라인은 훨씬 가볍게(곡선을 별로 의식하지 않고) 읽어도 되고, 그 라인을 통과하는 한 조금 터치가 강하더라도 홀 건너편 쪽 벽에 맞아 컵인하게 된다.

어느 쪽이 간단한지는 말할 필요도 없다. 가볍게 읽으면 라인은 스트레이트에 가까워지고, 터치의 허용 범위도 넓어진다. 또한 홀 입구가 넓어진다.

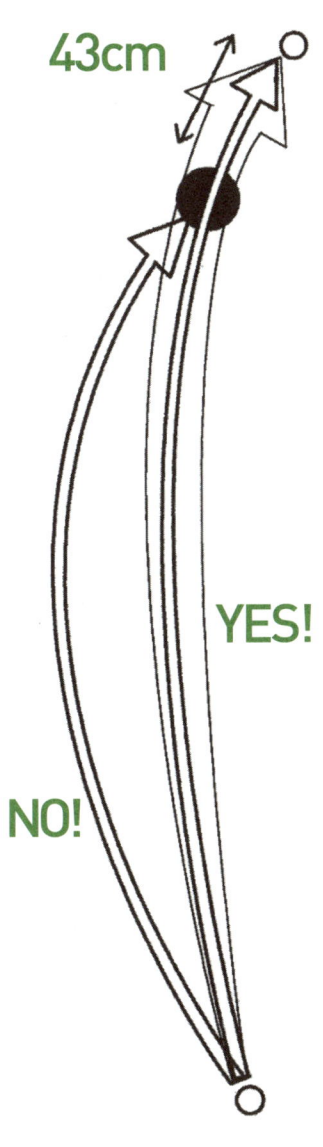

'홀 한 개 정도 슬라이스'의 함정
▶

캐디에게 라인을 물으면, '홀 한 개 정도 왼쪽을 보세요.' 혹은 '홀 한 개 정도 오른쪽으로 휩니다.' 라고 대답한다.

그러면 당신은 그 말을 듣고 어떻게 칠까?

1. 퍼터 페이스를 홀 한 개 정도 왼쪽으로 맞춰 스트로크한다.
2. 가상 홀을 실제 홀보다 홀 한 개 정도 왼쪽에 있다고 생각하고 스트로크한다.
3. 곡선 폭이 홀 한 개분 정도 있다고 상정하고 스트로크한다.

사실 이 문제에는 정답이 없다. 왜냐하면 캐디가 어떤 생각으로 '홀 한 개 정도 왼쪽을 보세요.' 라고 말했는지 모르기 때문이다.

아마 가장 많은 답변은 1번일 것이다. 캐디도 그런 생각으로 말했다고 해도 어느 정도의 터치가 '홀 한 개 정도 왼쪽' 인지는 알 수 없다. 캐디 중에는 '상당히 빠릅니다.' 혹은 '역방향이니 세게 쳐야 합니다.' 라며 터치에 대해서도 어드바이스를 해주는 사람이 있다. 하지만 '빠르다', '세다' 의 느낌은 사람마다 다르기 때문에 이런 말도 별로 의미가 없다.

2번은 1번과 같은 의미지만 사람에 따라서는 가상 홀에 대해서도 휘어지는 것을 감안하는 경우가 있다. 이렇게 되면 홀 2개 정도 왼쪽을 목표로 하게 되고, 결과는 오른쪽으로 휘어지는 것을 너무 의식한 셈이 된다.

3번은 매우 미묘하다. 왜냐하면 이 말에서는 브레이크 포인트(휘어짐의 정점)가 어디에 있는지 알 수 없기 때문이다. 공을 친 직후에 홀 한 개 정도 오른쪽으로 휘어지는 것과, 홀 바로 앞에서 홀 한 개 정도 오른쪽으로 휘어지는 것은, 라인이 다르다. 즉 3번은 아무 말도 하지 않은 것과 같다.

그런 의미에서 캐디가 말하는 '홀 ○개 정도의 왼쪽(오른쪽)' 을 보라는 말은 그 진의를 모르는 한 흘려듣는 것이 좋다. 라인은 어디까지나 자기 스스로 읽는 것이 원칙이다.

홀의 입구는 정면으로 한정할 수 없다
▶

홀의 정중앙으로 들어간 퍼트는 기분이 좋다. 그래서 일반 골퍼 중에는 어떤 라인에서도 홀의 정중앙을 노리는 사람이 있지만, 그래서는 들어갈 퍼트도 들어가지 않는다.

다음 그림처럼 약간 까다로운 경사면에 홀이 놓여 있고, 볼은 낮은 쪽으로 홀 오른편에 있다고 하자. 당연히 왼쪽으로 많이 휘지만 이 경우 홀의 오른쪽에 브레이크 포인트를 발견하더라도 홀 입구를 정면으로 생각해버리면 대부분 왼쪽으로 빗나간다.

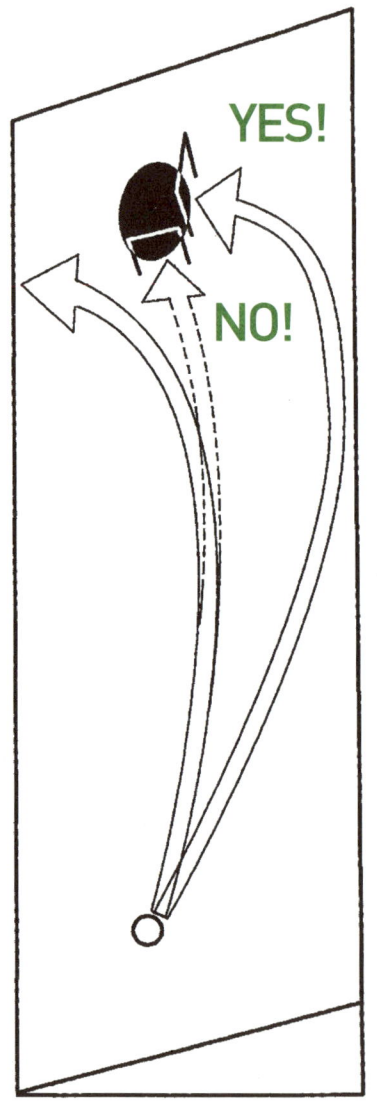

이런 경우는 볼을 꽤 오른쪽으로 보내서 홀 오른쪽으로 잘 넣을 수밖에 없다. 이런 라인에서 홀 입구는 정면이 아니라 홀의 오른쪽이 된다.

휘어지는 라인에서 홀의 입구는 기본적으로는 홀의 가장 높은 쪽이다. 곡선의 정점을 이미지화했다면 우선은 그곳을 노린다. 그 포인트를 지났다면 그다음은 '중력으로 볼이 홀 높은 곳에서 굴러들어간다.' 라는 이미지로 스트로크를 해보자.

라인은 밑에서 본다

퍼팅 라인을 읽을 때 이런 순서로 보는 골퍼가 많다.

1. 맨 처음 볼 뒤에서 홀을

본다.

  2. 다음은 홀 뒤에서 볼을 본다.

  이 방법도 괜찮지만, 1에서 볼 때와 2에서 볼 때 라인이 다를 경우 어떻게 하면 좋을까?

  예를 들면 볼과 홀 사이에 경사면이 있을 경우 볼 뒤에서 보면 훅 라인으로 보이지만, 홀 쪽에서 보면 슬라이스 라인으로 보이기도 한다.

  이럴 때는 다시 한 번 그린 전체를 바라보고 가장 높은 곳과 낮은 곳 그리고 라인에 걸쳐 있을 만한 마운드가 있으면 그것도 확인한다. 그래도 위에서 볼 때와 아래에서 볼 때 라인이 달라 보이면 밑에서 본 라인을 믿는 것이 정답이다.

  스키의 경우를 생각해보면 납득할 수 있을 것이다. 스키장의 경사나 굴곡은, 위에서 보는 것보다 밑에서 보는 편이 잘 보인다. 경사 모양은 위에서 '내려다보는 것' 보다 밑에서 '올려다보는 쪽' 이 전체상을 파악하기가 쉽다.

라인은 높은 곳 사이의
낮은 쪽 골에서 본다
▶

앞에서 '라인은 밑에서 본다.' 라고 말했지만, 이는 일종의 변형이다.

휘어지는 라인에서는 반드시 좌우 어느 쪽은 높은 산 쪽이며, 한 쪽은 낮은 골짜기가 된다. 예를 들면 오른쪽에서 왼쪽으로 휘어지는 라인이라면 오른쪽이 산 쪽, 왼쪽이 골짜기 쪽이 된다.

이 경우는 볼 뒤와 홀 뒤에서 라인을 읽은 후, 마지막에 골짜기 쪽에서 최종 라인을 확인하면 된다. 이 역시 '경사는 낮은 쪽에서 보는 게 유리하다.'라는 공식을 이용한 것이다.

다만 라인을 읽는 작업은 가능한 한 자신이 퍼팅을 하기 전에 해두는 것이 매너이다. 즉, 그린에 올라갔을 때나 다른 플레이어가 라인을 읽고 있을 때가 좋다. 자기 차례가 됐을 때 이런 행동을 하면 슬로 플레이어라는 낙인을 면하기 어렵다.

롱 퍼트 라인은 마지막 2미터를 꼼꼼히 읽는다

▶

앞에서 롱 퍼트는 방향보다 거리감이 중요하다는 말을 했지만, 그린 표면의 기복이 강한 그린에서는 꼭 그렇지만은 않다. 어느 정도 라인을 읽어두지 않으면 볼이 엉뚱한 방향으로 굴러가고, 3퍼트를 면하기가 쉽지 않기 때문이다.

그렇다고 해도 라인에 걸친 경사를 모두 꼼꼼히 읽을 필요는 없다(그러고 있다가는 날이 저물고 만다). 홀 바로 앞 2미터만 꼼꼼히 읽으면 충분하다.

이는 특히 오르막의 롱 퍼트에 해당하는 말이지만, 롱 퍼트의 경우 볼에는 상당한 파워가 전달된다. 그렇기 때문에 치고 나서 잠시 동안은 경사나 그레인에 관계없이 볼이 거의 스트레이트로 굴러간다. 경사나 그레인의 영향을 받는 때는 볼의 기세가 없어지기 시작하는, 홀 바로 앞 2미터 부근부터다. 따라서 그 부근의 경사를 꼼꼼히 읽어둬야 한다.

브레이크 포인트를 떠올린다

▶

지금까지 '휘어지는 라인에서는 휘어지는 정점(브레이크 포인트)을 겨냥하여 스트로크를 한다.'라는 말을 몇 번

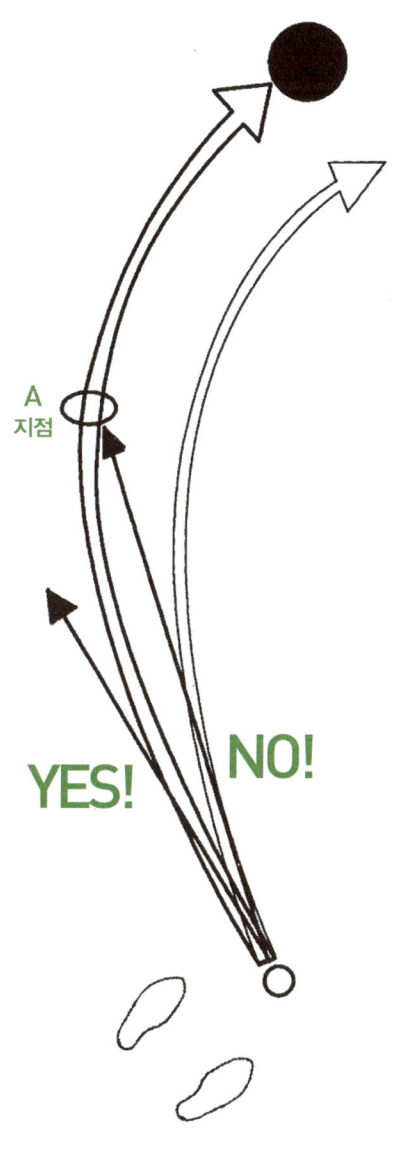

했다.

이 말은 '퍼터 페이스를 브레이크 포인트에 맞춘다.'라는 의미가 아니니 주의하기 바란다.

예를 들면 앞의 그림과 같은 슬라이스 라인에서 A지점을 브레이크 포인트로 상정했다고 하자. 그러나 이때 퍼터의 페이스를 A지점에 맞춰버리면 볼은 A지점에 도달하기 전에 99퍼센트 오른쪽으로 휘고 당연히 홀과 상당한 거리를 두고 오른쪽으로 흘러버린다.

볼을 라인에 태우기 위해서는 브레이크 포인트까지의 라인을 떠올려야 한다. 여기서 간과하기 쉬운 것은 볼에서부터 브레이크 포인트까지는 대부분 직선이 아니라는 점이다. 이 경우는 A지점보다 왼쪽을 겨냥하지 않으면 A지점을 통과하지 않는다.

라인의 이미지를 막연하게만 생각하면 안 된다. 보비 존스가 말하듯이 '마치 초크로 그리는 것처럼' 이미지를 떠올리지 않으면 목표를 올바르게 정할 수가 없다.

퍼터의 페이스는 스폿에 맞춘다

라인도 읽고, 브레이크 포인트도 상정했다. 그다음은 볼이 브레이크 포인트를 통과하도록 퍼터의 페이스를 맞추고 홀을 43센티미터 오버하는 듯한 터치로 스트로크를 하기만 하면 된다.

이때 위력을 발휘하는 것이 '스폿'이다. '스폿'이란 볼링의 레인 위, 파울 라인에서부터 4미터 정도 앞에 적혀 있는 8개의 표적을 말한다. 볼링에서는 핀이 아니라 이 스폿을 노리고 던지는 것이 정석으로 알려져 있다. 처음부터 멀리 있는 핀을 노리기보다 목표를 가까운 스폿에 설정하고, 우선 목표로 한 스폿을 통과하도록 던지면 스트라이크 확률이 높기 때문이다.

골프에서도 완전히 똑같다고 말할 수 있다.

라인의 이미지를 떠올릴 수 있다면 퍼터 헤드를 내보내는 방향을 알 수 있다. 이때 그 방향으로 뭔가 작은 표적을 발견해서 그곳을 통과시키듯이 퍼터 페이스를 맞추는 것이다. 롱 퍼트는 물론, 설령 1미터의 숏 퍼트라도 반드시 스폿을 겨냥하고 치는 프로가 많다.

볼에서부터 스폿까지의 거리는, 볼을 봤을 때 같은 시야에 들어온다는 점에서 15센티미터 정도 앞이 베스트라는 프로도 있고, 아니카 소렌스탐처럼 40센티미터 정도 앞이라는 프로도 있다. 또한 1미터 앞이 적당하다는 프로도 있다. 또는 스폿이 너무 가까우면 자세가 옹색해지기 때문에 2~3미터 앞이 좋다고 말하는 프로도 있다(이 경우 숏 퍼트에서는 스폿을 만들지 않게 된다). 여러 가지 방법을 시도해보고 가장 치기 적합하고 부드럽게 스트로크할 수 있는 스폿까지의 거리를 스스로 발견하기 바란다.

볼 마크나 스파이크 마크, 모래, 잔디의 상처, 변색된 잔디, 떨어진 마른 풀, 쓰레기 등 무엇이든 목표로 삼아도 좋다.

스폿을 발견했다면 가만히 목표물을 보면서 어드레스에 들어간다. 곁눈질을 하거나 눈을 깜빡이면 스폿을 잃어버리고 만다.

마지막으로 목표를 볼 때
머리를 들지 않는다
▶

스폿이 결정되고 퍼터의 페이스도 스폿에 맞췄다.

여기서 대부분의 골퍼는 마지막으로 다시 한 번 목표(스트레이트 라인이라면 홀, 휘어지는 라인이라면 브레이크 포인트)를 볼 것이다.

최종적으로 라인을 확인한다는 의미에서 그런 행동을 하는 것은 괜찮지만, 이때 절대로 해서는 안 되는 것이 하나 있다.

머리를 들어 목표물을 보는 일이다.

앞에서 라인을 읽을 때 머리 각도를 바꾸지 말고 머리를 왼쪽으로 돌려서 확인하라고 말했는데, 이유는 마찬가지다. 마지막으로 머리를 들게 되면 모처럼 확인한 라인을 다른 각도에서 바라보게 된다. 그러면 그때까지의 작업이 헛수고가 되고 만다.

또한 머리를 드는 순간 스폿을 잃어버릴 염려도 있다.

어드레스가 모두 완료됐을 때 마지막으로 목표물을 확인한다. 그때 머리의 각도는 스트로크할 때의 각도로 되어 있을 것이다. 스트로크가 끝날 때까지 그 각도를 절대로 바꾸어서는 안 된다.

마지막으로 스폿을 봤다면
절대로 홀은 보지 않는다

▶

마지막 라인 확인에서 또 한 가지 범하기 쉬운 실수가 있다. 휘어지는 라인에서 마지막에 홀을 보게 되는 실수이다.

휘어지는 라인에서는 스폿 → 브레이크 포인트 → 홀 순으로 볼이 통과한다. 때문에 마지막으로 라인을 확인할 때는 홀 → 브레이크 포인트 → 스폿 순으로 봐야 한다. 마지막으로 스폿을 보고 페이스가 맞춰져 있다는 것을 확인했다면 다음은 스폿을 통과시키는 일에만 집중해서 스트로크를 한다.

그런데 마지막으로 스폿을 본 다음 왠지 다시 한 번 홀을 보는 골퍼가 많다.

'마지막으로 다시 한 번만 홀이라는 최종 목표를 확인해두고 싶다.' 라는 차원일까, 아니면 '이 방향으로 치면 정확히 홀에 다다를 수 있을까' 라는 불안감 때문일까?

이유가 무엇이든 마지막에 홀을 봐서는 안 된다. 그 순간 골퍼의 어드레스나 페이스의 방향이 아주 조금이라도 홀 방향으로 향하게 된다. 인간의 뇌에는 '마지막으로 본 것'에 대한 영상이 가장 강하게 남는다. 의식 속에서는 '목표물은 스폿'이라고 인식하고 있어도 마지막으로 본 것이 홀이라면, 무의식중에 신체는 홀을 목표로 하게 된다.

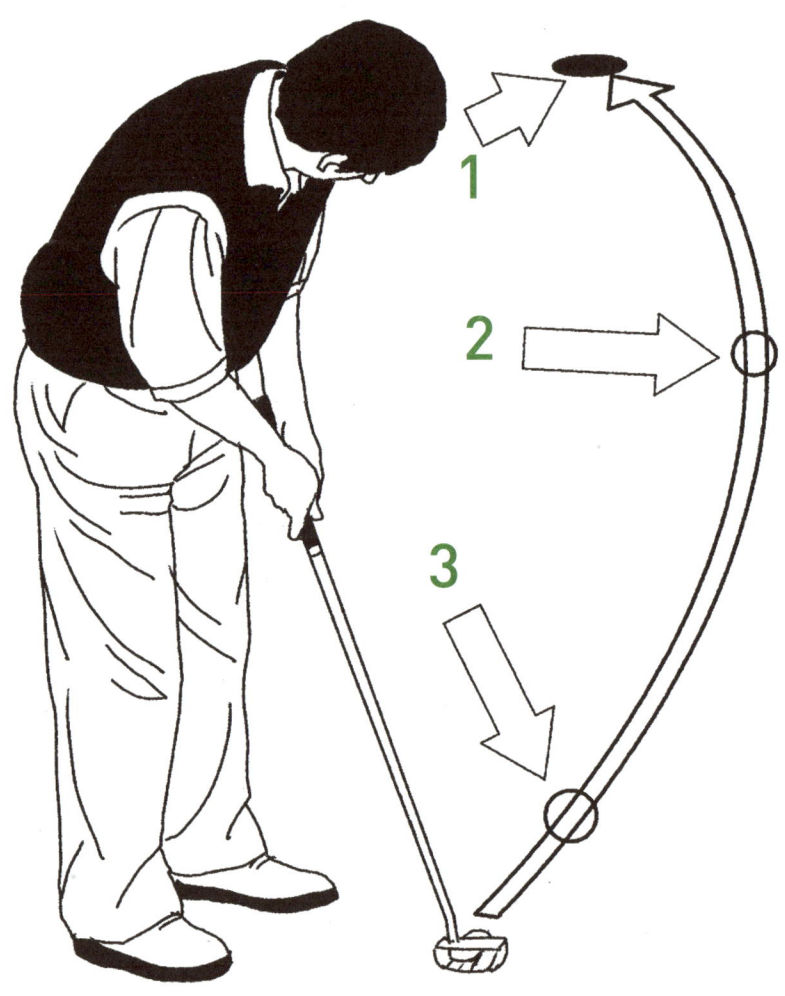

①홀 ➡ ②브레이크 포인트 ➡ ③스폿 순서로 마지막 라인 확인을 했다면 그다음에 홀을 보지 않는다.

이렇게 되면 그 퍼트는 성공할 수 없다.

짧은 시간이지만 다양한 각도에서 라인을 읽고 결정한 스폿이다. 다음은 그 스폿(방향)을 믿고 스트로크를 하는 수밖에 없다.

숏 퍼트의 타깃은 작게
▶

휘어진다 해도 볼 반 개 정도가 모자라는 퍼트. 이런 퍼트는 이미 말했듯이 확실히 치는 것이 기본이다. 그러면 목표 지점은 홀의 정중앙이면 괜찮을까?

만약 홀의 정중앙이라도 결과적으로는 컵인한다고 치자. 그러나 의식을 가진 골퍼에게 이 목표물은 너무 대략적이다. 홀의 정중앙이라면 정중앙에 있는 '뭔가'를 겨냥하고 스트로크를 해야 한다.

예를 들면 그 '뭔가'는 홀 건너편 벽에 있는 칠이 벗겨진 부분이어도 좋고, 홀 입구 부근에 자라고 있는 잔디라도 괜찮다. 43센티미터 오버할 요량으로 치더라도 아주 조금 휘어진다고 생각하면 그 '뭔가'는 홀 정면에서 몇 밀리미터 좌우로 옮긴 지점에서 발견하면 된다. 요령은 앞에서 말한 스폿 발견법과 같다.

어쨌든 여기서 중요한 것은 어떤 거리에서도 타깃은 작은 것이 좋다. 왜냐하면 사람은 타깃이 작을수록 훨씬 집중할 수 있고, 집중할 수 있으면 그만큼 컵인 확률도 높아지기 때문이다.

목표물로 삼는 것 중에 '홀 오른쪽 끝'이 자주 거론된다. 하지만

'홀 오른쪽 끝에서 1센티미터 안쪽'이라든지 '홀 오른쪽 끝을 스칠 정도'처럼 더욱 세밀하게 목표물을 정하는 것이 좋다. '홀 오른쪽 끝'과 '홀 오른쪽 끝에서 1센티미터 안쪽'은 퍼터 페이스의 방향은 거의 변함이 없지만 포인트는 홀 오른쪽 끝에서 1센티미터 안쪽을 보는 것이 된다. 인간의 뇌는 시각에 따라 막대한 정보를 얻고 어떻게든 그곳에 볼을 굴리도록 신체를 움직인다.

타깃을 작게 하면 손이 움직이지 않는다는 섬세한 골퍼도 있다. 그런 사람은 홀을 양동이로 생각하고 치든지 '퍼트 따위 빗나가봤자 죽지는 않는다.'는 심정으로 치기를 바란다.

타깃을 2초 동안 응시한다
▶

캐나다 캘거리대학 시신경계 심리학연구소에서 이런 실험을 한 적이 있다.

퍼팅에 강한 골퍼와 약한 골퍼에게 초소형 카메라를 탑재한 헬멧을 착용하게 하여, 퍼팅 때 어디를 어떻게 보고 있는지를 조사했다. 사용된 그린은 평평하고 곧은 라인이었다. 결과는 다음과 같았다.

퍼팅에 강한 골퍼는 홀의 일부(예를 들면 녹색 잔디 하나)를 타깃으로 선택했고, 강하고 예리하게 타깃에 초점을 맞추고 있었다. 1회 응시 시간은 2~3초.

한편 퍼팅에 약한 골퍼는 홀과 그 주변을 조급하게 둘러보고 초점을 한 지점으로 결정하지 않았다. 또한 1회 응시 시간이 1~2초였다.

앞에서 '타깃은 작을수록 좋다'고 말했는데, 이 실험에서도 증명된 셈이다.

또한 퍼팅이 강한 사람은 타깃을 2~3초 동안 응시한다는 점도 주목할 가치가 있다.

실험에 참여한 빅커스 박사에 따르면 퍼팅을 실행하기 위해서 뇌는 1000억 개의 뉴런(신경세포)을 통제해야만 한다고 한다. 그러기 위해서는 타깃을 응시하면서 정보를 모을 필요가 있고, 비로소 신경계 네트워크는 양손, 양팔, 신체를 움직여 스트로크를 컨트롤할 수 있다고 한다.

퍼팅 이외에도 궁도, 양궁, 다트 등 타깃을 겨냥하는 스포츠의 명사수는 모두 과녁을 꿰뚫을 만한 예리한 눈빛으로 타깃을 응시한다. 그렇지 않으면 신체가 정확히 움직여주지 않기 때문이다.

스트로크 중에는
볼의 뒤를 계속 주시한다
▶

앞에서 소개한 실험에서 또 하나 흥미로운 결과를 얻을 수 있었다. 퍼팅이 강한 골퍼는 볼의 뒤쪽(퍼터의 페이스가 접촉하는 면)을 본다는 점이다. 볼을 치고 나서부터 0.5초간, 그러니까 팔로스루 단계가 되어도 볼이 있던 장소를 주시한다는 것이다.

생각해보면 당연한 일이다. 타깃이 결정되고 퍼터의 페이스 방향을 세팅하고 난 다음에는 퍼터 가운데로 볼을 포착하는 일만 신경 쓰면 된다.

볼을 친 다음에도 볼이 있던 장소를 주시하는 것은 물론 헤드업을 하지 않기 위해서이다. 퍼팅의 고수는 역시 퍼팅 이론을 충실히 지키고 있는 셈이다.

볼을 응시하지 말고
어렴풋이 본다
▶

볼을 보는 법에 대해서는 이런 견해도 있다.

퍼터의 헤드를 볼에 맞췄다면 스트로크가 끝날 때까지 일부러 볼에 눈의 초점을 맞추지 않는 방법이다.

물론 시선은 볼을 향하고 있고, 절대로 헤드업은 하지 말아야 하지만 볼을 '응시' 하지 않는다. 왜일까?

볼을 '응시' 해버리면 신체가 경직되어 부드럽게 스트로크를 할 수 없게 된다. 머릿속에 있는 거리감에 대한 이미지를 유지한 채 스트로크를 하기 위해서는 볼을 어렴풋이 보는 정도가 좋다는 말이다.

확실히 어프로치의 경우 볼을 응시하면 볼을 치는 일에 의식이 집중되어 나도 모르게 힘이 들어가는 경우가 많다. 이상적인 스윙은 '스윙 도중에 우연히 볼이 있다'라는 이미지로 볼을 어렴풋이 보면서(헤드업해서는 안 됨) 힘을 빼야 한다. 퍼팅도 그와 마찬가지다.

볼 뒤쪽을 계속 주시하는 것이 좋을지, 볼을 어렴풋이 바라보는 것이 좋을지 한마디로 말할 수는 없다. 어느 쪽이 좋은지는 여러분 스스로가 시도해보고 결정하기 바란다.

스네이크 라인은 라인을 역행한다

▶

라인을 이미지화하는 방법으로 비디오를 거꾸로 돌리듯 홀에서부터 볼이 되돌아오는 장면을 떠올리는 경우가 있다. 라인을 '역행'한다는 뜻인데, 이 방법이 가장 유효하게 적용되는 것이 스네이크 라인이다.

스네이크 라인(S자 라인이라고도 한다)이란 브레이크 포인트가 2군데, 또는 그 이상 있는 곡선 라인을 말한다. 이런 복잡한 라인은 3퍼트 하지 않을 것을 우선 마음속으로 다짐해야 한다. 하지만 다음과 같은 방법이라면 거의 2퍼트로 끝낼 수 있다.

라인을 얼추 어림잡았다면 몇 개 정도 있는 브레이크 포인트 중에 마지막 브레이크 포인트를 찾아내는 것이 가장 중요하다. 마지막 브레이크 포인트란 그곳을 지나치면 그다음은 관성에 의해 홀까지 볼이 굴러가는 포인트 지점을 말한다. 홀에서 가장 가깝게 위치

브레이크 포인트가 몇 개 있는
스네이크 라인에서는,
우선 마지막 브레이크 포인트를
찾아내는 일이 중요하다.

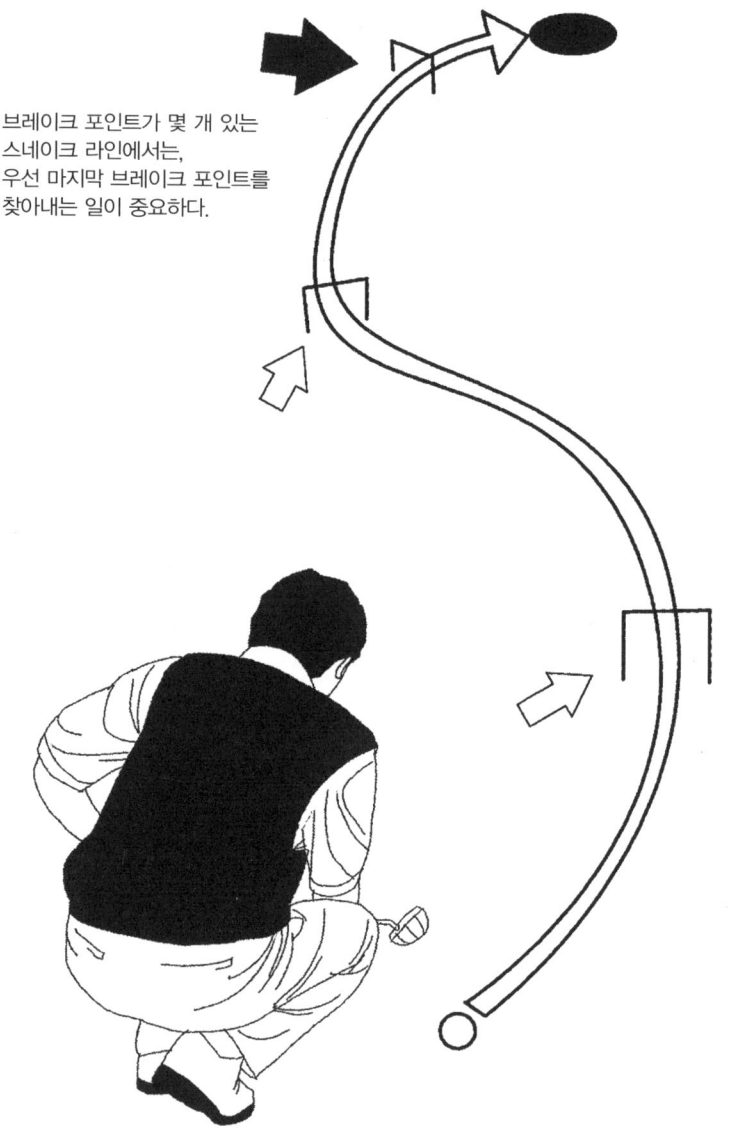

한 휘어지는 지점이기 때문에 비교적 간단히 찾아낼 수 있을 것이다.

마지막 브레이크 포인트를 찾았다면 다음은 마지막에서 2번째 브레이크 포인트 → 3번째 브레이크 포인트 순으로 홀에서 볼까지 역행하면서 휘어지는 지점을 찾아낸다.

마지막으로 볼에 가장 가까운 브레이크 포인트를 통과하도록 스폿을 설정하고 그곳에만 집중하여 스트로크를 한다.

브레이크 포인트가 한 개 라인인 경우 컵인 확률이 20퍼센트라고 하면 2개 있는 라인에서는 확률이 4퍼센트까지 떨어진다. 3개가 있으면 1퍼센트 이하다. 복잡한 스네이크 라인은 라인을 읽는 과정을 즐기는 심정으로 편안하게 스트로크하자.

경사를 적게 볼지 많이 볼지는
그날의 컨디션으로

▶

휘어지는 라인에서는 보통 입구가 2개 있다.

강하게 쳤을 때 홀 정면에 있는 입구와, 가볍게 쳤을 때 홀의 높은 쪽에 있는 입구이다.

입구가 다르면 라인도 다르다. 전자는 스트레이트로 가까운 라인을 상정하고(경사를 적게 본다), 후자는 휘어짐을 크게 본 라인을 상정한다(경사를 많이 본다).

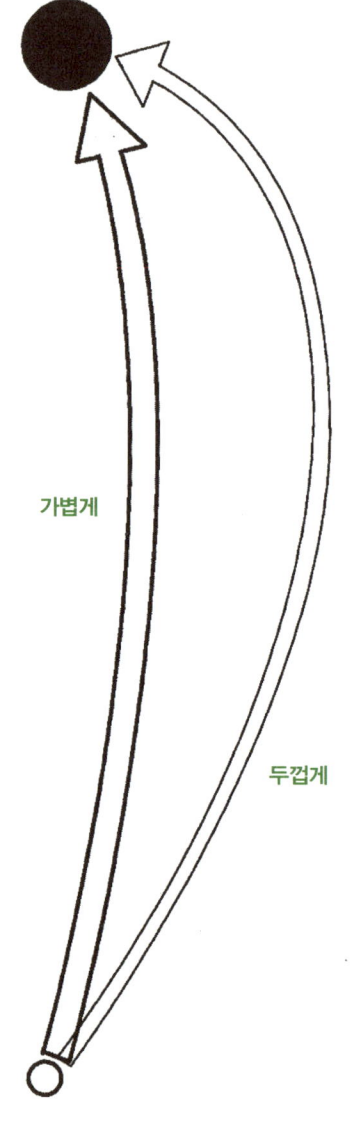

이상적인 쪽은 물론 전자이다. 경사를 적게 보고, 강하게 치는 쪽이 절대로 컵인할 확률이 높다. 타이거 우즈는 항상 이 이론을 실천하고 있고, 남은 퍼트가 2미터 가까이 되는 일이 허다하다. 그러나 라인을 알고 있기 때문에 당연하다는 듯 다음 퍼팅에서 볼을 골인시킨다.

경사를 적게 보고 강하게 치기 위해서는 목표로 한 지점에 곧바로 칠 수 있는 기술과 어느 정도의 오버를 두려워하지 않는 용기가 필요하다. 아마추어라도 '오늘은 목표로 한 곳에 곧바로 칠 수 있고, 남아 있는 퍼트도 자신이 있다.' 라는 기분이 드는 날이 있을 것이다. 그런 날은 좀 강하고 공격적인 퍼팅을 시도해보자.

그렇지 않은 날은 절대로 3퍼

트를 하지 않을 것만을 염두에 두고 '저스트 터치'로 갈 수밖에 없다. 라인 읽기는 그날의 퍼팅 컨디션에 따라 바꾸는 것이 좋다.

그렇더라도 '이 퍼트를 넣으면 베스트 스코어'일 때나 '골프 경기 대회의 우승'이라는 승부가 걸려 있을 때는 역시 경사를 적게 보고 신중하게 넣어야 한다. 마지막 볼에서 그처럼 흥분되는 퍼트를 쳐야만 하는 라운드란, 훨씬 전에 그런 타법으로 칠 결심을 한 라운드일 테지만 말이다.

어차피 빗나갈 것이라면 '프로 라인'으로

▶

퍼팅에서 '프로 라인'(으로 빗나가다)이라든지 '아마추어 라인'(으로 빗나가다)이라는 말을 들은 적이 있을 것이다.

예를 들면 슬라이스 라인의 경우 '프로 라인으로 빗나간다.'라는 것은 홀의 꽤 왼쪽을 강하게 노렸지만 생각만큼 되지 않고 홀을 오버해서 빗나간 경우이다. '아마추어 라인으로 빗나간다.'라는 말은 라인을 '가볍게' 읽었지만 터치가 약해 홀 앞에서 오른쪽으로 잘려버린 타법을 말한다.

전자를 '프로 라인으로 빗나갔다.'라고 말하는 이유는, 왼쪽을 빠져나갔다는 것은 홀 입구가 왼쪽에 있다는 것을 알았기 때문이다(프로라면 당연한 일이지만). 조금이라도 홀을 오버했다는 것은 라인이

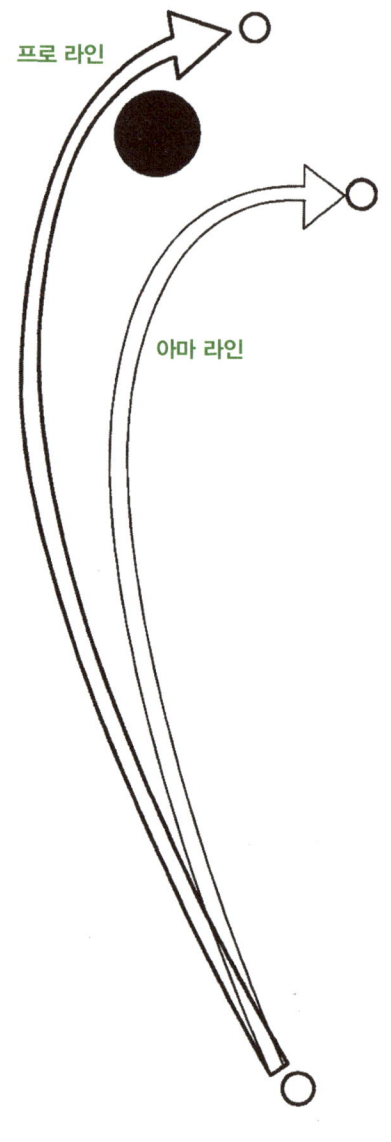

정확하면 컵인의 가능성이 있었다는 의미가 된다.

그런 점에서 '아마추어 라인으로 빗나갔다.'라는 것은 홀 입구가 왼쪽에 있다는 것을 생각하지 않았을 가능성이 있다. 게다가 홀에도 도달하지 못했기 때문에 컵인 가능성은 제로이다. 이런 퍼팅을 반복해서는 영원히 버디를 꿈꿀 수 없다. 이런 프로가 있다면 밥 먹고 살 수가 없다. 때문에 홀 앞에서 끊기는 타법의 퍼팅을 '아마추어 라인으로 빗나갔다.'라고 말하게 된 것이다.

'프로 라인'으로 빗나갔다면 홀을 오버했기 때문에 다음 퍼팅 라인을 알 수 있다는 장점도 있다. 프로가 좀처럼 3퍼트를 하지 않는 이유는 프로 라인으로 치고 있기 때문이기도 하다.

라인 읽는 일에
너무 신경 쓰지 않는다
▶

지금까지 라인 읽기나 타깃 설정 방법에 대해 여러 가지 방법을 소개했다. 마지막으로 가장 중요한 이야기를 하겠다.

지나치게 라인 읽기에 신경 쓰지 말라는 것이다.

어떤 골퍼라도 그린에 올라가서 자신의 볼과 홀을 보면 대략 라인을 알 수 있다. 슬라이스 라인으로 읽었다면 '이 정도의 터치라면 이 정도 휘겠다.' 라고 생각하고 스트로크를 한다.

그런데 퍼팅 순서가 마지막이라든지, 라인을 읽는 시간이 너무 길어지면 처음 생각한 라인과 다르게 보이는 경우가 있다. 맨 처음에는 보이지 않던 '있을 리 없는 경사'가 점차 시야에 들어오고 '좌우의 경사를 상쇄하려면 스트레이트로 해야 하나?' '아니, 왼쪽으로 쳐야 먹힐까?' 하면서 여러 가지를 생각하기 시작한다. 이렇게 되면 결단력이 부족한 상태로 스트로크를 한다든가, 처음의 감과는 반대 라인으로 칠 수 있다. 결과는 충분히 상상할 수 있을 것이다.

가장 위험한 것이 스트레이트 라인이다. 골퍼의 심리에 '볼은 미묘하게 휘어진다.' 라는 말이 있다. 그렇기 때문에 단순한 스트레이트 라인도 과하게 읽으면 미묘한 경사가 보이게 되고, '아니, 약간 오른쪽으로 휘겠구나!' 라는 생각이 든다. 한 바퀴만 더 구르면 들어갈 것 같은 약한 퍼트로 치면 볼이 휘어질지도 모른다. 이래서는 단순한 스트레이트 라인을 일부러 어렵게 한 격이 되지 않을까.

앞에 소개한 캘거리 대학 실험에 따르면, 골프 고수가 퍼트를 성공시킬 때는 1퍼트에 8초가 걸리고, 평균 열 번 타깃을 바라본다. 그러나 실패할 때는 1퍼트에 10초로 시간이 길어지고 타깃을 보는 횟수도 늘어난다.

퍼팅의 명수라도 라인 읽는 시간이 길어지면 실패할 확률이 높아진다는 의미이다.

헤매는 만큼 라인을 정확하게 보지 못한다. 그래도 망설여진다면 첫 번째 감을 따르는 수밖에 없다. 이 점이 퍼팅의 가장 중요한 포인트라 해도 좋다.

Round 6

| 프레셔에 지지 않는다 |

멘탈 강화를 위한 힌트

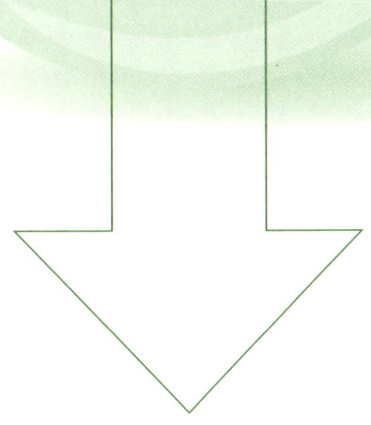

어떤 퍼트도
쉽지 않다는 생각으로
▶

실제 라운드에서는 2퍼트만으로도 감지덕지인 경우가 적지 않다. 10미터를 넘는 롱 퍼트나 2단 그린의 단차를 극복해야 하는 퍼트, 복잡한 스네이크 라인 등 자칫하면 3퍼트, 4퍼트를 할 수밖에 없는 난이도 높은 퍼트에서는 프로 골퍼라도 2퍼트로 만족하는 경우가 얼마든지 있다.

그렇다고 해서 '갖다 붙일' 요량으로 퍼팅을 해서는 3퍼트를 면하기 어렵다. 왜냐하면 갖다 붙일 생각으로 퍼팅을 하면 반드시 방심하는 마음이 생기기 때문이다.

아무리 복잡한 라인이라도 반드시 들어갈 라인은 있다. 그것을 찾는 방법은 앞에서 서술한 대로이다.

뇌를 풀 가동시켜 '반드시 들어갈 라인'을 설정했다고 가정해보자(가정이 아니라 어떤 퍼트라도 그렇게 해야만 하지만).

그러면 지금부터 스트로크하려는 퍼트는 갖다 붙이는 퍼트가 아니다. 반드시 들어갈 퍼트, 아니 넣어야만 하는 퍼트이다.

넣어야만 하는 퍼팅은 갖다 붙이는 퍼팅과는 집중도가 전혀 다르다. 어떤 경우에도 집중력을 잃어서는 들어갈 볼도 들어가지 않는다. 넣어야 한다 → 집중력이 높아진다 → 들어가지는 않더라도 근접하게 된다. 이것이 퍼팅의 진실이다.

'3퍼트 하지 않겠다' 가 아닌 '반드시 넣겠다' 는 생각으로

▶

스웨덴 출신의 아니카 소렌스탐은 스웨덴 내셔널 팀이 하고 있는 '꿈의 54타' 의 표본으로 불리고 있다.

'꿈의 54타' 란 '18홀의 모든 홀에서 버디를 잡아낼 수 있는 골퍼' 양성을 목적으로 한 데서 붙여졌다.

54타! 정말 꿈만 같은 스코어지만 100퍼센트 불가능하다고 말할 수는 없다. 토너먼트에서는 아무리 난이도가 높은 홀이라도 누군가는 버디를 잡는다. 그렇다면 한 골퍼가 18홀의 모든 홀에서 버디를 잡는 일이 불가능하다고 잘라 말할 수는 없지 않을까.

실제로 아니카 소렌스탐은 2001년 3월 토너먼트에서 여성 최초로 '59' 라는 스코어를 냈고, 꿈의 스코어에 5타 차로 다가가고 있었다. 18홀 모두를 파온. 시작부터 8연속 버디를 포함한 13버디, 노

보기였다. 퍼트 수는 25였다.

'꿈의 54타'에서는 골퍼의 정신적인 측면에 대해서도 다양한 트레이닝을 실행하고 있다. 그중에 "'○○하지 않는다'가 아니라 적극적으로 '○○하자'라고 긍정적으로 생각한다."라는 내용이 있다. 퍼팅이라면 '3퍼트 하지 않겠다.'가 아니라 '반드시 넣겠다.'라고 생각하는 것이다.

골프는 정신적인 스포츠이다. '벙커에 빠지고 싶지 않다'라고 생각하면 오히려 벙커의 존재가 신경이 쓰여 그곳에 볼을 넣고 만다. '3퍼트 하지 않겠다.'라고 생각하면 부드럽게 스트로크를 할 수 없고, 거리감도 방향성도 나빠진다. 결국 하고 싶지 않은 3퍼트를 하게 되는 것이다.

앞에서 서술한 '퍼트는 갖다 붙이는 것이 아니라 넣어야 하는 것'과 마찬가지 의미이다. 반드시 넣겠다. 그렇게 생각하지 않는 한 퍼트는 들어가지 않는다.

실제로는 갖다 붙인 퍼트가 간혹 들어가는 경우도 있을 것이다. 그러나 예상 밖의 일이 일어나면 골퍼의 마음이 흐트러져 결과적으로 스코어도 흐트러지고 만다. 항상 '반드시 넣고 말겠다.'라는 생각으로 경기에 임하면 마음도 흐트러지지 않는다.

3퍼트를 하더라도
자책하지 않는다

▶

마음이 흐트러지는 것은 골퍼에게 가장 성가신 적이다. 특히 퍼팅은 마음이 흐트러지는 계기를 만들기 십상이다.

3퍼트를 하고 발끈하거나 실망하기도 한다. 마음이 정리되지 않은 채 다음 홀로 향하면 티샷도 휘어지고, 언덕을 구르듯이 보기나 더블보기를 연속으로 하고 만다. 골퍼라면 누구나 경험했을 만한 이야기일 것이다.

샷의 실수는 기량 부족 탓이라고, 아직 스스로를 납득시킬 수 있다(프로라도 납득할 만한 샷은 1라운드에서 1~2회밖에 없다). 그러나 1미터도 되지 않는 짧은 퍼트를 넣지 못하고 3퍼트나 4퍼트를 하게 되면 자신을 책망하게 된다.

골프 경기에서 자책해서는 절대로 좋은 스코어를 낼 수 없다. '바보 멍청이'라고 자신을 비난하면 정말로 '바보 멍청이'가 되고 만다.

때문에 프로 중에는 퍼트가 들어가지 않으면 퍼터에 마구 화풀이를 하며 샤프트를 꺾어버리는 사람도 있다. 매너 없는 행동이지만 퍼트가 들어가지 않는 것을 퍼터 탓으로 돌림으로써 자책하지 않기 위해 하는 행동이다.

아무래도 화가 진정되지 않을 때는 타이거 우즈처럼 '5초 동안만 화를 내는' 룰을 정하는 것도 좋다. 화를 내고 나서 6초 후에는 아무

일도 없었다는 듯이 다음 플레이에 집중하는 것이다.

　퍼트에서 실수를 하더라도 '골프는 실수 게임이다.'라고 자신을 납득시켜보자. 들어가지 않더라도 '정확히 가운데를 쳤다.', '스트로크는 부드럽게 했다.'라고 자신을 칭찬해보자.

　실수한 퍼트에 끌려다니는 것은 골퍼가 해서는 안 되는 가장 큰 실수이다.

중심에 맞추는 데만 집중한다
▶

'이 퍼트를 넣겠다.'라는 마음가짐과 '이 퍼트를 넣고 싶다.'라는 마음가짐은 상당히 다르다. 한마디로 말하면 전자는 결의, 후자는 희망 정도가 될 것이다.

　'넣겠다.'라는 결의를 달성하기 위해서는 넣기 위한 준비를 갖춰야 하고 자신감도 있어야 한다. 하지만 '넣고 싶다.'라는 말에는 아무것도 없다.

　막연히 넣고 싶다는 생각만으로 퍼트에 임한다면 누구라도 퍼트 따위로 고민하지 않는다. 퍼트를 할 때 '넣고 싶다.'라는 생각만 하는 골퍼는 애초부터 넣기 위한 준비가 되지 않은 것이다.

　준비에 대해서는 앞에서 설명한 대로이다. 준비만 잘 되면 넣고 싶은 염원만 있는 골퍼도 넣겠다는 의지를 가진 골퍼가 될 수 있다.

　아직까지 넣고 싶은 마음만 있는 사람은 가운데를 맞추는 데만 집중할 것을 권한다.

터치를 이미지화하고, 라인을 읽는다면 넣고 싶은 기분을 아주 깨끗하게 버릴 수 있다. 그리고 볼을 퍼터의 중심에 맞추는 데만 의식을 집중해야 한다.

지금까지 몇 번이나 이야기했듯이 퍼팅에서 가장 중요한 것은 퍼터의 중심에 볼을 맞추는 것이다. 중심에 맞지 않은 볼은 구르기나 방향성 모두 좋지 않다.

때문에 셋업이 완료되면 퍼터의 중심을 맞추는 데만 의식을 집중한다. 18홀 모두 그런 마음가짐으로 퍼팅을 하면 반드시 퍼트 수가 줄어든다.

숏 퍼트에 최대한 집중한다
▶

골프 게임에서는 매 홀마다 서서히 집중력을 높여 가는 것이 요령이다.

티샷은 편안한 마음으로 '대충 그 정도 하면 된다.' 라는 마음으로 치는 편이 결과가 좋다.

그러나 그린을 목표로 한 세컨 샷이나 어프로치에서는 목표물이 훨씬 작아지기 때문에 집중력이 필요하다. 타깃이 훨씬 작아지는 퍼팅에서는 최대한 집중해야 한다.

아무리 티샷이나 어프로치가 훌륭했다고 해도 마지막의 마지막,

짧은 퍼트를 잘못하면 지금까지의 수고와 노력이 물거품이 된다. 반대로 티샷에서 실수를 하더라도 세컨 샷에서 만회할 수 있고, 세컨 샷에서 실수를 하더라도 숏 게임으로 붙이면 된다. 숏 게임이 잘 되지 않더라도 퍼트를 한 번에 끝내면 파로 마칠 수 있다.

여러 번 말해서 진부하긴 하지만 스코어 메이크의 열쇠는 역시 퍼트가 쥐고 있다. 사람이 24시간 내내 집중할 수는 없다. 집중력의 총량이 10이라고 한다면 그중의 반 이상은 퍼트에 소비해야 한다.

그중에서도 1미터 전후의 숏 퍼트에서 최대한 집중력을 발휘해야 한다.

왜냐하면 숏 퍼트가 빗나가면 폐해가 너무나도 크기 때문이다. 골퍼라면 '250야드를 넘는 드라이버 샷도, 50센티미터의 퍼트도 1타는 1타'라는 말을 귀에 못이 박힐 정도로 들었을 것이다. 드라이버 샷을 잘 치고도 마지막에 50센티미터 파 퍼트를 놓치면, 3온(쓰리온) 하더라도 투 퍼트 하여 보기로 끝난 '날지 못하는 골퍼'를 이길 수 없다. 때문에 숏 퍼트의 실수는 상처가 크다. 티잉 그라운드나 페어웨이를 걷고 있을 때는 편안한 마음으로 있어도 그린에 올라가면 자연히 집중력이 높아진다. 그런 마음의 유연함이 몸에 붙으면 당신의 스코어는 점점 좋아질 것이다.

평상시에도
나이스 퍼트 장면을 떠올린다

머릿속에 그린 라인대로, 상상했던 스피드로 볼이 굴러가 컵인한다. 미래의 성공 체험을 실제 스트로크를 하기 전에 시각화해두는 것이 이미지 트레이닝이다.

이러한 이미지 트레이닝을 실제 라운드에서뿐만 아니라 평상시에도 연습해두면 더욱 효과적이다.

미국 콜로라도 주에 있는 올림픽 트레이닝 센터에서 다음과 같은 실험을 한 적이 있다. 학생 골퍼 30명을 3개 그룹으로 나누어, 다음과 같은 사항을 일주일 동안 시행하게 했다.

- A그룹…퍼팅 연습을 할 때 스트로크 전에 모든 퍼트가 컵인되는 모습을 떠올린다. 백 스트로크 단계부터 볼이 홀 중앙으로 굴러들어갈 때까지 모든 과정을 머릿속으로 그린다.
- B그룹…볼이 홀에 다가가면서 볼이 좌우 어느 한쪽으로 휘어지고 홀 앞 1인치에서 멈추는 모습을 상상한다.
- C그룹…아무런 시각화 없이 퍼트 연습만 한다.

일주일 후 실행된 실제 라운드에서 다음과 같은 결과가 나왔다.

A그룹…퍼트의 정확성이 30퍼센트 향상.

B그룹…퍼트의 정확성이 21퍼센트 하락.

C그룹…퍼트의 정확성이 11퍼센트 향상.

머릿속에서 성공 체험이 축적되면 될수록 퍼팅을 잘하게 된다. 성공 체험을 상상하는 것만으로도 효과가 있다.

퍼팅을 하기 전에 자신에게 말을 건다
▶

샷을 하기 전에 '절대로 헤드업 하지 말아야지' 라고 다짐하듯 '오늘의 주의 사항'을 자신에게 말하는 골퍼가 많다. 스윙에서 유의해야 할 점을 하나로 정리해 자신에게 말을 거는 것은 결코 나쁘지 않다 (주의 사항이 두 개 이상이면 혼란스럽다). 불과 2초 정도면 끝나는 스윙에서 주의 사항이 많으면 지킬 수 없다.

그러나 퍼팅의 경우는 다르다. 샷과는 달리 퍼팅을 할 때 움직이는 것은 기본적으로 양팔과 어깨뿐이다. 도구인 퍼터도 수십 센티미터 당겨 수십 센티미터 내보내는 작은 움직임밖에 없다. 그렇기 때문에 '절대로 가운데를 빗나가지 말아야' 혹은 '오른쪽 어깨가 나가지 않도록' 같은 주의 사항이 꽤 생생하게 들린다.

타이거 우즈는 퍼팅을 할 때 라인이 결정되면 작은 소리로 중얼

거린다. '1컵, 왼쪽으로'라며 라인을 확인하는 경우도 있고 스트로크에 대한 주의 사항일 경우도 있다고 한다.

어찌 됐든 타이거 우즈는 열차 기관사가 방향을 확인하듯이 라인이나 주의 사항을 중얼거리면서 미연에 퍼팅 실수를 방지하는 것이다.

'오르막이니 강하게 쳐야지.' '홀 오른쪽 깊숙한 곳에 티가 꽂혀 있다고 생각하고 그것을 겨냥하자.' 이처럼 당신도 자신에게 말을 걸어보면 어떨까.

맨 처음 3홀은 '저스트 터치'를 하도록 노력한다
▶

라운드 전 연습 그린에서는 그날의 그린 빠르기를 파악해두라는 말을 자주 한다. 대부분의 골퍼는 '오늘의 5미터는 이 정도 스트로크 크기' 하는 식으로 나름대로 계산을 만들어놓고, 처음 1번 홀 그린으로 향한다.

그러나 그렇게 마음먹어도 막상 게임에 들어가면 자신이 생각한 대로 볼이 굴러갈지 말지 불안하기만 하다. 코스에 따라서는 연습 그린과 실제 그린의 마무리가 상당히 다른 경우도 있다. 역시 처음 몇 홀 동안은 퍼팅 '감'을 잡을 수 없기 때문이다.

때문에 프로 골퍼 중에는 최초의 3홀은 '저스트 터치'(볼이 홀에 미칠 정도로만 스트로크를 한다)를 하고 결과적으로 1퍼트로 끝낼 수는 없더라도 2퍼트로 끝내면 괜찮다고 생각하는 사람이 많다. 첫 번째 퍼트가 성공하고, 두 번째 홀의 퍼트 역시 성공하여 무난하게 전반 3홀을 마칠 수 있다면 그날의 '감'이 생기게 된다. 그런 과정을 밟아감으로써 비로소 공격적인 퍼팅을 할 수 있게 된다는 의미이다.

첫 번째 홀에서 롱 퍼트 상황이 되어도 나쁠 것은 없다. 처음부터 롱 퍼트를 성공시키려고 하면 아드레날린(스트레스나 압박을 받을 때 분비되는 호르몬)이 빨리 분비된다. 이런 경우 경기가 끝나고 보면 버디도 있고 보기도 있고 OB도… 그런 식으로 굴곡이 심한 골프로 끝나는 경우가 많다.

처음 3홀은 2퍼트로 충분하다고 생각하고 조용히 출발한다. 대부분 이런 날 베스트 스코어가 나올 것이다.

최초의 숏 퍼트만은 강하게 친다

'처음 3홀은 저스트 터치로 2퍼트로 충분하다.'라는 생각으로 게임에 임하라고 했지만 숏 퍼트만은 별개이다. 맨 처음 홀에서 1미터 퍼트가 남았다면 그 거리만은 강하게 쳐야 한다.

왜냐하면 1미터라는 짧은 거리를 저스트 터치로 컵인시키려고 하면 결과가 어떻든 다음에 1미터 퍼트를 쳐야 할 상황에 처했을 때 잘 칠 수 없기 때문이다.

맨 처음 1미터를 저스트 터치로 쳐서 성공시키지 못하면 손실이

크고, 안 좋은 감정이 계속 마음속에 남게 된다. 저스트 터치로 들어 갔다고 해도 이번에는 그때의 '저스트 터치 느낌'이 하루 종일 따라 다녀서 강하게 쳐서 승부를 내야 할 때 강하게 칠 수 없게 된다.

1미터를 강하게 쳐서 빗나갔을 때는 라인을 잘못 읽었거나 스트로크 궤도가 잘못되었을 것이다. 이런 실수는 아무래도 그날 중에 고칠 수 있겠지만 터치만은 좀처럼 바꾸기가 어렵다. 맨 처음의 숏 퍼트는 그날의 터치에 자신감을 갖기 위해서도 절대로 망설여서는 안 된다.

1미터 퍼트라도 라인 상의 중간점을 찾는다

▶

1미터 퍼트와 50센티미터 퍼트의 컵인 확률은 상당히 차이가 난다. 1미터 퍼트를 세 번 중 한 번 놓치는 골퍼라도 50센티미터는 거의 놓치지 않을 것이다.

그렇다면 1미터 퍼트에 약한 사람은 50센티미터 퍼트라고 생각하고 치면 된다. 방법은 간단하다. 라인 상에 볼이 반드시 통과할 '중간점'을 찾아 그곳만 노리고 치면 된다.

물론 스트로크의 크기는 1미터를 오버할 생각으로 쳐야 하지만 어쨌든 그 '중간점'만 볼을 통과시키면 그다음은 가만히 있어도 볼이 컵 안으로 들어갈 것이다. 그렇게 믿고 치면 1미터 퍼트도 50센티미터 퍼트로 바뀌게 된다.

'중간점'을 설정하는 것은 스트레이트 라인에서도 마찬가지다. 50센티미터 직선 라인이라면 자신 있게 스트로크를 할 수 있을 것이다.

먼저 해서 좋을 때와 나쁠 때
▶

첫 번째 퍼트가 빗나가고 1미터 이내의 짧은 퍼트가 남아 있으면 먼저 하라고 권유하는 골퍼가 많다. 그러나 아마추어의 경우 네 번에 한 번은 실패하지 않을까.

먼저 하라고 말한 만큼 라인도 거의 직선 코스일 것이다. 연습 그린이라면 99퍼센트 들어갈 퍼트인데 왜 실패하는 것일까?

하나는 다른 사람의 라인을 밟지 않으려고 스탠스를 무너뜨린 채 스트로크를 하기 때문이다. 20~30센티미터라면 몰라도, 50센티미터 거리에서 스탠스가 무너진 채 스트로크를 하면 실패할 수 있다. 이럴 때는 한 번 마크를 하고 그다음에 스트로크를 하는 편이 좋다.

두 번째는 급한 마음이다. 먼저 하라는 말을 들은 골퍼는 왠지 빨리 퍼팅을 끝내지 않으면 안 된다는 생각을 하게 된다. 볼도 닦지 않고 재빨리 자신의 퍼트를 끝내려고 하지만, 나도 모르게 스트로크가 빨라지거나 볼에 모래가 붙어 있거나 홀 주변에 피치 마크가 있다는 것을 눈치 채지 못할 수도 있다.

당신이 '먼저' 퍼팅하는 데 다른 플레이어가 동의한 이상 그때부터는 당신의 시간이다. 그렇다고 너무 시간을 끌면 빈축을 살 수 있지만 한 번 마크를 하고 여느 때와 같은 자세를 만들고 나서 쳐도 조금도 늦지 않다.

넣을 수 있는 퍼트거나 반드시 들어갈 걸로 생각한 퍼트를 놓쳤을 때, 먼저 하라는 권유를 받을 경우가 있다. 이럴 때는 누구라도 조금이나마 낙담하게 된다. 넣을 수 있는 퍼트에는 상당한 집중력도 필요하기 때문에 먼저 퍼트를 하게 되면 혼이 빠진 상태로 퍼팅을 하기 쉽다. 이래서는 들어갈 퍼트도 들어가지 않는다.

이럴 때는 볼을 마크하고 다른 플레이어에게 순서를 양보해야 한다. 그리고 기분을 가다듬고 나서 남은 퍼트를 성공시키면 된다.

파 퍼트는 보기 퍼트라고 생각하라
▶

일본 아마추어 골프를 6번이나 제패한 나카베 긴지로 씨가 어느 인터뷰 중에 '버디 퍼트에 약하다.'라는 말을 했다. 이유는 평소 파를 목표로 하고 있으면 파 퍼트에 온 신경을 집중할 수 있는데, 버디 퍼트 때가 되면 '버디를 못해도 파는 할 수 있으니까'라고 정신적으로 느슨해지기 때문이라고 한다.

골프의 명수가 이 정도인데 파 하기가 쉽지 않은 일반 골퍼의 경우는 말할 필요도 없다. 종종 버디 찬스가 왔을 때 좀처럼 없는 찬스

라는 기분에 들떠서 평상시처럼 스트로크를 할 수 없게 된다. 1미터 퍼트에서는 너무 진중한 나머지 짧게 치고 만다. ……

일반 골퍼는 버디 퍼트나 1미터 퍼트에 익숙하지 않기 때문에 어쩔 수 없는 일이라 할 수 있다.

여기서 이런 발상의 전환을 해보면 어떨까.

버디 퍼트도 파 퍼트도 보기 퍼트로 생각하고 치는 것이다.

누구나 더블보기는 원치 않을 테니 보기 퍼트는 '들어가면 덕 본다.'라는 생각을 하지 않고 진중하게 친다. '반드시 보기에서 멈추리라.'라는 필사적인 마음이 볼을 홀까지 옮겨주는 경우도 있다.

퍼팅에 대한 타인의 의견은 무시한다
▶

골프는 본인 한 사람의 판단과 책임으로 플레이를 하는 스포츠지만 동반 플레이어의 샷이나 퍼트가 참고가 될 경우도 있다. 예를 들면 바람이 있을 때는 상대방 샷의 휘어짐 상태나 비거리를 보면 어느 정도 바람의 방향이나 강도를 알 수 있다.

퍼트에서는 같은 라인 상에 있는 상대가 먼저 퍼팅을 할 때 어느 정도 휘어지는지가 참고가 된다.

하지만 상대의 퍼트는 정말로 참고가 될 수 있을까?

상대가 어떤 터치로 스트로크를 하고, 어떤 라인을 노렸는지, 그리고 퍼터 가운데로 볼을 쳤는지 당신이 알 수 있다면 상당히 참고가 될 것이다.

만일 그런 것들을 알 수 없다면 상대방의 퍼팅은 참고하지 않는 것이 좋다. 퍼팅을 마친 상대가 '생각만큼 오른쪽으로 휘지 않았다'든지 '상상 이상으로 그린이 빠르다' 같은 말을 했다고 해서 정말 그렇다고 생각하지는 말아야 한다.

왜냐하면 단지 실수한 퍼트에 대한 핑계일지도 모르기 때문이다. 본인은 변명할 생각이 아니었어도 고수가 봤을 때는 단순한 실수인 경우가 많다. 상대의 실수 퍼트는 당신이 실수의 원인을 알지 못하는 한 참고가 되지 않는다.

애당초 볼의 곡선 가감은 라인의 취급 방법이나 터치에 따라 달라지고, 그린이 빠른지 느린지는 각 플레이어의 '감'으로밖에 알 수 없다.

당신이 '이 라인에서 이 정도 터치라면 홀 한 개 정도 오른쪽으로 빠질 것'이라고 생각하면 틀림없이 그렇게 된다. 당신이 '이 그린은 느리다'라고 생각하면 그 그린은 느린 것이다.

잭 니클라우스는 이렇게 말했다.

"퍼트를 시도할 때, 세상과 멀리 떨어져 자신만의 것을 구사해야 한다."

흥분되는 퍼트는
홀의 왼쪽을 노려라
▶

최근 수년 동안 세계 랭킹 상위를 유지하고 있는 남아프리카의 리티프 구센. 그가 일약 주목을 받은 것은 2001년 US오픈 때였다.

첫날부터 톱에 든 그는 그 후에도 쾌조를 보이며 계속 선두를 유지했다. '사건'은 마지막 날 18번 그린에서 일어났다. 불과 50센티미터 남짓한 파 퍼트가 오른쪽으로 빗나가 플레이오프로 이어지고만 것이다. 다음날 미국의 마크 브룩스와 18홀을 겨뤄야 하는 상황에서 구센은 어쨌든 메이저 첫 우승을 달성했다. 지금까지도 골프팬 사이에서 화젯거리로 남아 있는 것은 그의 우승이 아니다. 그때 18번 홀에서 50센티미터 파 퍼트를 놓친 것이다.

왜 구센은 50센티미터 퍼트를 오른쪽으로 빗나가게 했을까?

심리적인 압박감으로 퍼터 페이스가 스퀘어로 되돌아오지 않은 채 임팩트를 맞는 경우가 많기 때문이다. 이른바 '오른쪽으로 밀어내는' 실수이다.

보통의 경우라면 퍼터 페이스는 백 스트로크로 약간이지만 오픈되어 임팩트에서 스퀘어로 되돌아온다. 그런데 US오픈이라는 큰 무대에서 첫 승리를 눈앞에 둔 구센은 상상을 초월하는 압박감 때문에 오픈한 채 임팩트를 했다. 그 결과 볼이 홀 오른쪽을 약하게 빠져나가 버린 것이다.

그런 측면에서 흥분되는 상황에서 퍼팅을 할 때는 페이스가 돌아가지 않을 것을 생각하고 홀 왼쪽을 노리는 비법도 있다.

밀어내지 않으려고 왼쪽으로 빗나가게 하는 경우도 있지만 통계를 보면 밀어내어 실수하는 경우가 압도적으로 많다고 한다. 압박에 약한 사람은 부디 시도해보기 바란다.

퍼팅에 대해 고민하지 않는다
▶

퍼팅은 심오하다. 퍼팅만을 주제로 이런 책이 한 권 나올 정도이니 말이다.

또 한편으로 퍼팅만큼 심플한 것도 없다고 말할 수 있다. 퍼팅이란 멈춰 있는 볼에 퍼터의 헤드를 대고 목표로 한 방향으로 굴리기만 하면 되는 동작이다. 아이언 샷처럼 볼을 멀리 날릴 필요도 없고, 나쁜 라이(lie, 공이 놓인 상태)에서 볼을 그린에 올릴 필요도, 일부러 볼을 휘어지게 칠 필요도 없다. 골프를 한 적이 없는 어린아이라도 퍼팅이라면 바로 할 수 있다.

PGA 투어에서 가장 뛰어난 명수로 알려진 브래드 팩슨은 "라인을 결정했다면 아무것도 생각하지 말고 쳐라. 설령 라운드 중에 터치가 맞지 않아도, 스트로크가 매끄럽지 않더라도 그런 것은 잊어라. 고민하기 시작하면 끝이 없다."라고 말한다.

퍼팅에 대해 기계적으로 사고하려 해도 할 수가 없다. 따라서 올바른 스트로크를 하기 위한 노하우(이 책에서도 지금까지 소개해온 노하우)란 어떤 의미에서는 인간을 '퍼팅 머신'으로 만들기 위한 노하우라고 할 수 있다.

그러나 슬프게도 사람은 아무리 연습을 해도 로봇이 될 수 없다. 때로는 정신적인 압박에 무릎을 꿇기도 하고, 파 퍼트를 성공하지 못해 실망하기도 하고, 50센티미터 짧은 퍼트를 실패하기도 한다. 그것이 사람이다.

때문에 퍼팅에 대해서는 어느 지점부터는 더 이상 고민하지 않는 게 좋다. 물론 연습할 필요가 없다는 말은 아니다. 올바른 스트로크의 재현성을 높이기 위해서는 연습할 수밖에 없다. 하지만 실전 라운드를 하는 동안에는 '올바른 스트로크를 하겠다.' 라는 의식보다는 '아무것도 생각하지 말고 느낀 대로 스트로크하자.' 라고 생각하는 편이 좋다.

퍼팅이란 볼을 홀에 굴려 넣기만 하면 되는 것이니까.

'내가 세상에서 가장 퍼팅을 잘하는 사람' 이라고 자만하라

▶

홀까지의 라인이 정확히 보이고, 볼이 굴러가는 속도도 가늠할 수 있다. 그다음에 평상시대로 스트로크를 할 수 있으면 볼은 반드시 컵인한다.

만일 그래도 볼이 컵인되지 않으면 당신은 단 한 가지를 잊고 있는 것이다. '나는 퍼팅을 잘해'라고 자신에게 말하는 일이다.

골퍼에게 조금이라도 불안 요소가 있으면 컵인 확률이 크게 줄어든다. 오른쪽으로 또는 왼쪽으로 헤매면서 스트로크를 한다. 이 정도 크기면 너무 클까 하는 생각이 머리를 스쳐 지나간다. 그런 '불안감'이 생기면 스트로크의 리듬이 깨지거나, 임팩트에서 쓸데없이 힘을 넣어 헤드의 방향이 바뀌기도 한다.

때문에 자세를 잡았다면 '난 퍼팅을 잘해'라고 자신감을 가질 필요가 있다. 때에 따라서는 '내가 세상에서 퍼팅을 제일 잘하는 사람'이라고 자만해도 좋다. 아이언 샷이라면 아무리 발버둥 쳐도 타이거 우즈 흉내를 낼 수 없겠지만, 퍼트라면 우즈도 놓칠 스네이크 라인을 당신이 넣을 수도 있기 때문이다.

아무것도 생각하지 말자. 그러나 자신감만큼은 채워 넣고 퍼팅을 하자.

퍼팅에서 중요한 포인트는 바로 여기에 있다.

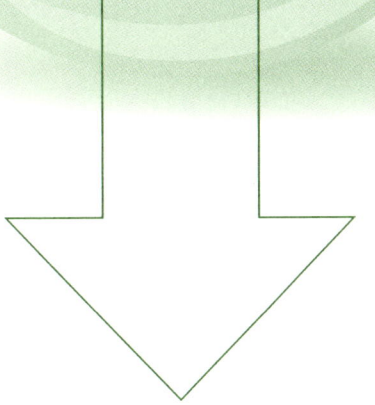

Round 7

| 점점 실력이 좋아진다 |

올바른 연습법을 위한 힌트

① 라운드 전 연습 그린

연습 그린의 첫 퍼팅에
모든 신경을 집중한다

 라운드 전의 연습 그린. 여기서 퍼팅 연습의 최대 목적은 그린의 빠르기를 아는 데 있다.

 골퍼라면 누구라도 '이 정도 터치(진폭)로 치면 이 정도 스피드로 ○○미터 정도 굴러갈 것'이라는 예상을 할 수 있을 것이다. 그런 목표가 없는 사람이라도 실제로 연습 그린에서 볼을 굴려보면 자신이 상상한 것보다 빠른지 느린지 알 수 있다.

 여기서 중요한 것은 연습 그린에서의 '첫 번째 타구'이다.

 맨 처음 퍼팅에는 골퍼가 체내 시계처럼 지니고 있는 터치가 그대로 나타난다. 첫 타구에는 골퍼의 감각과 실제 그린의 빠르기 차이가 훨씬 크게 나타나는 것이다. 그렇기 때문에 첫 번째 타구에 온 신경을 집중해 그 차이를 체크해야 한다.

우선 가능한 한 평평한 장소를 선택하고, 맨 처음 퍼팅을 10미터 굴릴 생각으로 쳐본다. 그대로 10미터를 굴러가면 자신의 터치를 바꿀 필요가 없다.

그러나 8미터밖에 굴러가지 않았다면 그 그린은 그 골퍼에게 '느린' 그린이다. 10미터 퍼트는 12미터 칠 예상을 하고 자신의 터치를 수정해야 한다.

인간의 감각이란 참으로 미묘하여 내 터치보다 빠르다 혹은 느리다 하는 감각은 첫 타구로밖에 실감할 수 없다. 두 번째부터는 무의식중에 그린에 적응하기 때문에 자신의 본래 터치와 그날 그린의 빠르기가 맞는지 안 맞는지 알 수 없다.

연습 그린의 첫 타구는 모든 신경을 예민하게 만들어 볼의 흐름을 주시해야 한다.

역으로 말하자면 연습 그린에서는 첫 타구만큼만 볼을 굴릴 수 있으면 그것만으로 최대의 목적을 달성할 수 있다는 뜻이다.

'빠르다' '느리다' 라는
동료의 의견은 무시한다

▶

앞에서 '타인의 의견은 무시하라.' 라는 말을 했는데 연습 그린에서도 마찬가지다.

함께 라운드를 하는 동료가 '이 그린은 빠르네.' 라고 말하더라도 그냥 흘려들어야 한다. 상대가 골프 고수라면 나도 모르게 상대의 의견에 동조하기 쉽다. 하지만 '빠르다, 느리다' 라는 판단은 골퍼 한 사람 한 사람의 주관적인 판단일 뿐이다.

첫 번째 타구를 굴리고 당신이 '빠르다'고 판단했다면 그 그린은 '빠른 그린' 이다.

연습 그린에서 '오늘의 5미터' 터치를 만든다
▶

연습 그린의 첫 타구로 그린의 빠르기를 알았다면 그다음 할 일은 '오늘의 기준'을 만드는 일이다.

기준으로 삼는 것은 5미터(5걸음으로 해도 된다). 평평한 장소를 선택하고, 5미터를 굴리기 위해서는 어느 정도의 스트로크 크기가 필요한지를 체크한다. 홀을 겨냥할 필요는 없다. 5미터 앞에 티펙을 꽂아두면 된다. 이렇게 하고 몇 번 5미터를 쳐보고 거리가 잘 맞으면 그때의 스트로크 크기나 터치를 몸이 기억하게 한다.

이때 백 스트로크를 오른발 끝까지 당겼을 때는 5미터, 그보다 5센티미터 짧게 하면 4미터라는 식으로 거리와 스트로크 크기의 관계를 공식화하는 것도 하나의 방법이다.

어쨌든 이런 식으로 '오늘의 5미터'에 대한 감을 체득했다면 '10

미터는 5미터의 0.8배'라는 식으로 거리를 조절할 수 있다.

　물론 실제로 시험해보고 1.2배나 0.8배 등의 미묘한 터치를 조금씩 조정해간다. 자신이 생각한 대로 거리를 칠 수 있다면 이제 그날의 라운드에서 3퍼트만은 하지 않을 것이다.

연습 그린은 끝을 사용한다

연습 그린에는 여러 군데 홀을 만들어놓고 있다. 대부분의 골퍼는 이 홀을 겨냥하여 퍼팅 연습을 하겠지만 그린의 빠르기를 파악하기 위해서는 홀을 겨냥하지 않는 게 좋다. 왜냐하면 홀 주변은 많은 골퍼가 사용해 짓밟혀져 있기 때문에 그린이 딱딱하고 잔디도 성성해져 있다. 따라서 실제 그린보다 빠르다(스타트 시각이 빠른 경우는 꼭 그렇지도 않다).

　그린의 빠르기를 알려면 골퍼가 너무 많이 드나들지 않은 곳, 예를 들면 그린의 끝이 좋다. 홀은 만들어져 있지 않지만 코인이나 티펙으로 대용할 수 있기 때문에 전혀 불편하지 않다.

퍼터로 풀샷을 했을 때의
거리를 확인해둔다

실제 라운드에서 20미터 이상의 초특급 롱 퍼트에 직면하면 전혀 거리감을 알 수 없고, 이른바 '감 없이' 스트로크를 해야 한다. 결과는 아주 짧든지, 아주 오버하는 경우가 많다.

이는 경험 부족이라기보다 연습 부족 탓이다. 20미터의 거리감을 '거리감 서랍' 안에 넣어두지 않으면 당연히 거리감을 낼 수 없다.

물론 앞에서 서술했듯이 초특급 롱 퍼트는 거리를 2~3개로 분할함으로써 어느 정도 거리감을 알 수 있다. 그러나 모처럼 연습 그린이 확보됐으니 몇 개 정도는 롱 퍼트를 쳐서 그 느낌을 확인해둘 필요가 있다.

또한 그린의 끝에서 끝까지 스트로크가 흐트러지지 않는 범위에서 어느 정도 볼을 굴릴 수 있는지 확인할 요량으로 가능한 한 긴 거

퍼터로 풀샷했을 때의 최대 거리를 알아둔다.

리를 쳐볼 것을 권한다.

이는 퍼터에서 풀샷했을 때의 최대 거리를 알아두기 위해서다. 퍼터로 풀샷을 할 일은 좀처럼 없지만 예를 들면 '퍼터로 풀샷을 하면 30미터 굴러간다.' 라는 것을 알 수 있다면 '20미터라면 이 정도 크기' 라는 것을 대충 알 수 있다.

초특급 롱 퍼트의 거리감은 '대략' 이면 된다. 3퍼트를 하는 이유는 '대략' 조차 알지 못하기 때문이다. 초특급 롱 퍼트에서는 대충 어느 정도만 알고 있어도 마음이 든든해진다.

무엇보다 혼잡한 아침 그린에서는 그린의 끝에서 끝까지 사용할 만한 초특급 롱 퍼트를 연습하기에 무리가 있을지도 모른다.

그렇다면 라운드 후에 사람이 없는 연습 그린에서 해볼 것을 추천한다. 그날의 라운드에는 잘 적용되지 않겠지만 다음번 라운드부터는 꽤 도움이 될 것이다.

한 번 칠 때마다 타깃을 바꾼다

연습 그린에 도착하면 비어 있는 홀 부근으로 향한다. 홀에서부터 적당한 거리에 장소를 확보하고 새 볼을 상자에서 3개 꺼내 즉시 홀을 겨냥하고 퍼팅을 시작한다.

첫 번째 볼이 오버하면 '이건 좀 과했나, 오늘은 빠른 편인가' 라고 중얼거리고, 두 번째는 조금 약한 터치로 쳐본다. 이번에는 짧으면 '조금 더 강하게 할까' 라고 혼잣말을 하고 나서 세 번째 공을 친다. 여기서 컵인을 하면 왠지 다 안 것 같은 기분이 된다. 그다음은 거리를 적당히 길게 하거나 짧게 하고, 내리막이나 오르막으로 이동해 3개씩 홀을 향해 볼을 친다. 스타트 시간이 가까워질 즈음 퍼팅 연습을 마친다.

흔히 있을 법한 퍼팅 연습 풍경이다.

연습하지 않는 것보다 하는 게 좋다고 할 정도의 연습이라 할 수 있다.

왜 그럴까? 홀까지의 거리를 정확히 도보로 측정하지 않은 점, 홀

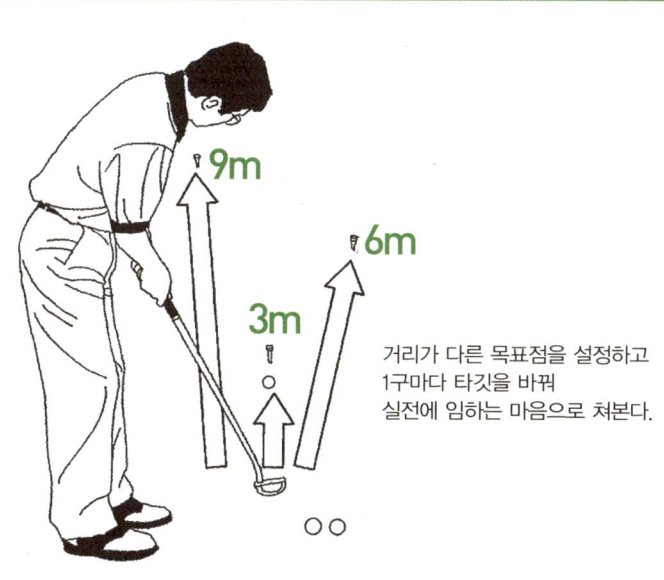

거리가 다른 목표점을 설정하고
1구마다 타깃을 바꿔
실전에 임하는 마음으로 쳐본다.

만 겨냥해서 볼을 굴린 점 등 여러 가지 이유를 들 수 있다. 무엇보다 가장 큰 이유는 실전에서는 다시 할 수 없는데 다시 치는 일만 반복한다는 데 있다. 맨 처음에 '오늘의 5미터'를 몸에 단단히 익혀뒀다면 실전에 앞서 연습 그린에서는 다시 할 수 없을 법한 연습을 해야 한다.

예를 들어 볼을 3개 사용한다면 9미터, 6미터, 3미터 형식으로 거리 차이를 달리하여 타깃을 3군데 설정한다(목표 지점에 티를 꽂아둔다).

그리고 1구마다 타깃을 바꿔 실전처럼 퍼팅 연습을 한다.

실전에서는 같은 거리를 같은 장소에서 계속 퍼팅하는 일은 없다. 모두 다른 거리, 다른 장소에서 퍼팅을 한다.

퍼팅 연습에는 실전 라운드를 위한 연습과 스트로크의 기본이나 거리감 등을 기르기 위한 연습이 있지만 실전 라운드를 위한 연습은 실전처럼 하지 않으면 의미가 없다.

연습 그린에서도 루틴을 지킨다

'아침시간 연습 그린에서의 연습은 실전처럼 하지 않으면 의미가 없다.'라고 한다. 그렇다면 연습 그린에서도 퍼팅 전에는 루틴을 하는 게 좋을 것이다.

물론 맨 처음 '오늘의 5미터'를 확인할 때는 거기까지 할 필요가 없지만(해도 되지만 시간이 걸린다), 연습 후반에는 결정한 타깃을 '겨냥하는' 연습을 할 때 루틴을 정확히 해야 한다.

앞에서 소개한 퍼팅의 명수 브래드 팩슨은 연습 그린에서 1미터 퍼트를 연습할 때도 한 타 한 타 볼의 뒤에 선다 → 라인을 확인한다 → 자세를 취한다 → 스트로크를 한다는 식으로 루틴을 실행한다고 한다.

어드레스도 그립도 바꾸지 않은 채 퍼터로 볼을 가져와 힘 조절만 바꾸고 계속 자세를 유지한 채 2타, 3타를 친다. 이런 방법으로 연습하는 아마추어 골퍼가 적지 않다. 그런 골퍼는 1라운드에서 3퍼트를 몇 번이나 반복할 수밖에 없다.

연습 그린에서는
홀을 겨냥하지 않는다
▶

지금까지 소개한 연습 방법 중에 연습 그린의 홀이 없으면 안 되는 연습이 하나도 없다는 것을 눈치 챘는지 모르겠다.

그렇다. 퍼팅 연습은 대부분 티펙이나 코인 등 작은 표시가 있으면 충분하다.

홀이 없어도 할 수 있다. 이뿐만이 아니다. 개중에는 홀을 겨냥해서는 안 되는 연습도 있다.

왜 홀을 겨냥해서는 안 될까?

우선 볼을 컵인시켜 버리면 어느 정도 오버했는지, 얼마나 짧았는지를 알 수 없기 때문이다.

'퍼트는 43센티미터 오버가 베스트'라는 말을 몇 번이나 했지만, 그 터치를 알기 위해서는 티펙 같은 것을 목표물로 삼고 연습하는 것이 훨씬 좋다.

또 하나는 정신적인 이유이다.

연습 그린에서 홀만 겨냥해서 하다보면 실수했을 때의 기분 나쁜 느낌이 '불안감'이 되어 남는다. 연습 그린에서 홀을 계속 빗나가기만 하면(그런 골퍼가 많을 것이다) '아, 오늘도 들어갈 것 같지 않은데' 하는 마음이 든다. 이래서는 '난 퍼팅의 명수야'라고 자랑할 수도 없게 된다.

연습 그린에서는
볼을 한 개만 사용한다
▶

많은 골퍼가 연습 그린에 볼을 3개 갖고 간다.

3개를 가져 가는 이유는 아주 단순하다. 한 박스에 골프 볼이 3개씩 담겨 있기 때문이다. 새 볼을 사용하지 않는 사람도 캐디백 주머니에서 헌 볼을 3개 꺼내 퍼팅 연습을 시작한다. 이처럼 습관이란 무서운 것이다.

연습 그린에서 볼을 3개 사용할 필요는 없다. 경우에 따라서는 오래 사용한 공으로 하는 게 나은 연습도 있고, 볼 하나로 해야 하는 연습도 있다.

예를 들면 프레드 커플스는 연습 그린에서 사용하는 볼은 한 개면 충분하다고 말한다. 매 회마다 경사나 거리가 다르듯이 목표를 설정하고 실전과 마찬가지로 그린을 읽고 퍼팅할 것을 권한다.

'꿈의 54타'로 알려진 스웨덴의 내셔널 팀에서도 볼을 몇 개 사용할지는 자유지만 반드시 볼 1개를 컵인시킬 때까지 치도록 지도하고 있다.

볼 3개를 연속으로 치면 아무래도 목표나 스트로크가 조잡해진다. 그러나 연습일지라도 볼이 1개밖에 없으면 진지해진다. 놓치고 싶지 않은 기분이 훨씬 강해진다.

실전에 들어가기 전 연습(특히 마무리 연습)으로 어느 쪽이 좋은지는 말할 필요도 없다.

연습 그린의 타깃은 작게
▶

연습 그린에서 타깃은 티펙이나 코인이면 충분하다는 말을 했지만, 역시 '홀보다 티펙이 좋다'고 말한 사람은 잭 니클라우스다.

그는 1.5~4미터의 이른바 '넣기도 하고 빗나가기도 하는' 퍼트 연습을 할 때는 티펙을 타깃으로 연습했다고 한다. 왜냐하면 티펙처럼 작은 물건을 타깃으로 연습을 해두면 실제 그린에서 홀을 겨냥할 때 홀이 크게 보이기 때문이다.

5장의 '라인 읽는 법'에서도 말했듯이 숏 퍼트의 타깃은 작은 것이 좋다. 연습 그린에서 티펙처럼 작은 타깃으로 연습해두면 실제 라운드에서 하는 숏 퍼트의 리허설이 된다.

연습 그린의 마무리는
숏 퍼트의 '연속 컵인'
▶

연습 그린에서 하는 연습이 끝나면 마지막은 홀이다. 숏 퍼트를 연속해서 컵인시키고 나서 스타트 홀로 향하자.

거리는 50센티미터부터 1.5미터 정도까지, 본인의 레벨에 맞춰 '빗나가지 않을 거리'로 한다. 평평한 부분에 놓여 있는 홀을 선택하고, 라인은 스트레이트로 설정한다. 홀 주변 잔디가 거칠어져 있으면 그린 끝에 티펙을 놓고 그것을 홀로 간주해도 된다.

이 연습의 포인트는 연속해서 컵인시키는 것으로 컵인되는 소리와 감촉을 맛보고, '좋아, 오늘은 1미터는 놓치지 않겠다. 난 퍼팅의 명수니까'라고 자만해보는 것이다. 그러려면 자신감을 갖고 컵인을 할 수 있는 쉬운 라인의 숏 퍼트를 넣어보는 것이 가장 좋다.

다만 세 타를 치고 한 타라도 놓치면 찜찜한 기분이 남기 때문에 처음부터 다시 시도한다. 그래도 실패했을 때는 거리를 더 짧게 잡는다. 50센티미터라면 3연속 컵인을 바로 달성할 수 있을 것이다.

② 스트로크가 좋아지는 연습

이번 파트와 다음 파트는 퍼팅의 다양한 약점을 교정하는 '테마가 있는 연습법'을 소개하겠다. 실전에 앞선 연습 그린에서보다 라운드 후에 비교적 시간적인 여유가 있을 때 실행해 볼 것을 권한다.

이번 파트에서는 부드럽고 올바른 궤도로 스트로크하기 위한 연습법을 소개하겠다.

롱 퍼트와 숏 퍼트를 번갈아 친다
▶

퍼팅 스트로크에서 중요한 것은 리듬과 템포다.

이상적인 리듬은 2박자. 어떤 거리에서든 '하나'를 셀 때 퍼터를 당기고 '둘'을 셀 때 임팩트한다. 어떤 거리에서든 2박자를 같은 템포로 스트로크할 수 있으면 거리감도 어느 정도 근접할 수 있다.

그런데 등에 있는 '큰 근육'이 아니라 손끝만으로 퍼팅을 하려는 사람은 롱 퍼트 시 임팩트에서 힘을 넣으려고 해 다운 스트로크로 급하게 템포가 빨라지거나, 숏 퍼트에서는 살짝 맞추려고 해서 템포가 늦어지기도 한다. 그와 반대로 롱 퍼트에서는 필요 이상으로 느긋하게 흔들어 템포가 늦어지고 숏 퍼트에서는 성급하게 스트로크를 해 템포가 빨라지는 사람도 있다.

어느 쪽이든 거리에 따라 템포가 변하는 나쁜 습관이 있는 사람

타깃을 하나는 가깝게(1미터) 또 하나는 멀게(10미터) 설정하고,
목표물을 향해 번갈아가면서 같은 리듬과 템포로 스트로크를 한다.
1회씩 어드레스는 정돈하지만 가능한 한 뜸을 들이지 않도록 한다.

은 다음과 같은 연습법이 좋다.

타깃을 1미터 앞과 10미터 앞 2군데로 설정한다(티펙을 꽂아두면 좋다). 라인은 볼이 맞지 않을 정도로 조금 옮겨둔다. 두 가지 거리를 번갈아 쳐본다.

이 연습의 포인트는 어느 쪽이나 같은 리듬과 템포로 스트로크를 하는 데 있다. 한 타를 쳤다면 어드레스를 정돈하는데, 가능한 한 시간을 두지 않도록 한다.

볼을 6개 준비하여 숏과 롱을 번갈아 세 타씩 쳐본다. 이를 1세트로 하여 3세트 정도 실행하면 자연스럽게 스트로크의 리듬과 템포가 일정해진다.

오르막 1컵 훅 라인을
반복해서 친다
▶

퍼팅 자세를 안정시키고, 스트로크를 좋게 하기 위해서는 '기본 라인'을 반복해서 친다.

나카지마 쓰네유키 프로에 따르면 '기본 라인'이란 '가벼운 오르막 스트레이트, 1컵 훅 라인'이라고 한다(《40세에 알 수 있는 논리 골프》중에서).

이 라인은 '팔로스루를 정확하게 하지 않고서는 들어가지 않는 퍼트이기 때문'이다. 내리막의 슬라이스는 임팩트만으로도 라인에 태우기만 하면 볼이 들어가지만 오르막의 훅이나 스트레이트는 정확히 스트로크를 하지 않으면 들어가지 않는다. 때문에 퍼팅의 스트로크를 좋게 하기 위해서는 '가벼운 오르막의 1컵 훅 라인'이 가장 좋다는 뜻이다.

스트레이트가 아니고 가벼운 훅 라인인 이유는 홀 입구가 오른쪽 사이드가 되고, 그것만 겨냥하면 컵인하기 어렵기 때문이다. 훅 라인이 연습할 때 질리지 않고 더 도움이 된다는 의미이다.

그립 엔드를 배꼽에 붙이고
연습 스윙을 한다
▶

퍼팅 스트로크에서 아무래도 손끝을 사용하게 되는 사람은 퍼터의 그립을 배꼽에 붙이고 연습 스윙을 해보자.

그립 끝 또는 샤프트 부분을 잡았다면 그립 엔드를 배꼽에 붙이고 평소대로 자세를 잡는다. 당연히 퍼터의 헤드는 공중에 뜨지만 그대로 롱 퍼트를 친다는 생각으로 스트로크를 해본다.

이런 연습 자세는 그립 엔드가 고정되어 있기 때문에 손끝은 사용할 수 없다. 필연적으로 등과 같은 '큰 근육'을 사용하게 되며, 그만큼 스트로크가 안정된다. 또한 그립 엔드가 스트로크 지지점이 되기 때문에 자세를 잡을 때 만든 양팔과 어깨의 삼각형(오각형)도 잘 무너지지 않는다.

큰 근육을 사용하는 감각과 삼각형이 무너지지 않도록 스트로크 하는 감각을 터득했다면 평상시처럼 스트로크해 본다.

평상시 스트로크라도 퍼터의 그립 엔드를 배꼽에 붙인다는 생각을 갖는 것이 핵심이다.

'그립 엔드는 스트로크의 지지점이다.' 그런 감각을 터득했다면 스트로크 중 쓸데없는 동작이 줄어들고, 퍼터의 궤도도 훨씬 안정될 것이다.

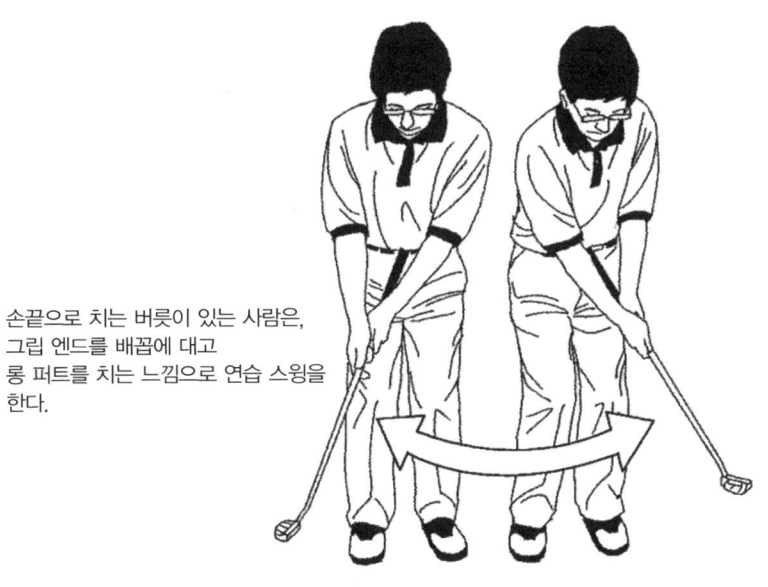

손끝으로 치는 버릇이 있는 사람은, 그립 엔드를 배꼽에 대고 롱 퍼트를 치는 느낌으로 연습 스윙을 한다.

백 스트로크 없이
스트로크를 한다
▶

숏 퍼트 상황이 되면 오버할 것이 두려워 임팩트를 완화하거나 팔로스루가 되지 않는 사람이 적지 않다.

또는 임팩트를 한 다음 볼을 쓸어 올리면서 헤드를 드는 사람도 볼의 흐름이 불안정해지고 숏 퍼트에서 실수하기 쉽다.

그런 사람은 백 스트로크 없이 퍼터의 헤드를 볼 뒤로 붙인 다음 백 스트로크를 전혀 하지 않고 그대로 헤드를 낮게 앞으로 밀어내는 연습을 하는 것이 좋다.

타깃까지의 거리는 1미터.

숏 퍼트의 열쇠는 퍼터의 헤드를 타깃에 대해 최대한 스퀘어에 유지하면서 앞으로 밀어내는 데 있지만 이 연습에서는 결과를 보면 그 가능성 여부를 바로 알 수 있다.

이 연습법은 아니카 소렌스탐이나 나카지마 쓰네유키 프로 등 많은 프로 선수가 하고 있는 방법으로 아마추어에게도 권하고 있다.

자택의 퍼터 매트에서도 할 수 있다.

왼손만으로 스트로크를 하면
방향성이 좋아진다

▶

앞에서 '스트로크 중에는 왼쪽 손등을 완전히 고정해 둔다'고 말했다. 왼쪽 손등은 퍼터 페이스 방향과 같다. 스트로크 중에 왼쪽 손등의 방향이 바뀌면 볼은 목표로 한 방향으로 굴러가지 않기 때문이다.

여기서 왼손만으로 스트로크를 해보는 방법도 있다.

이 연습에서 포인트는 왼쪽 손등은 페이스의 분신이라고 생각하

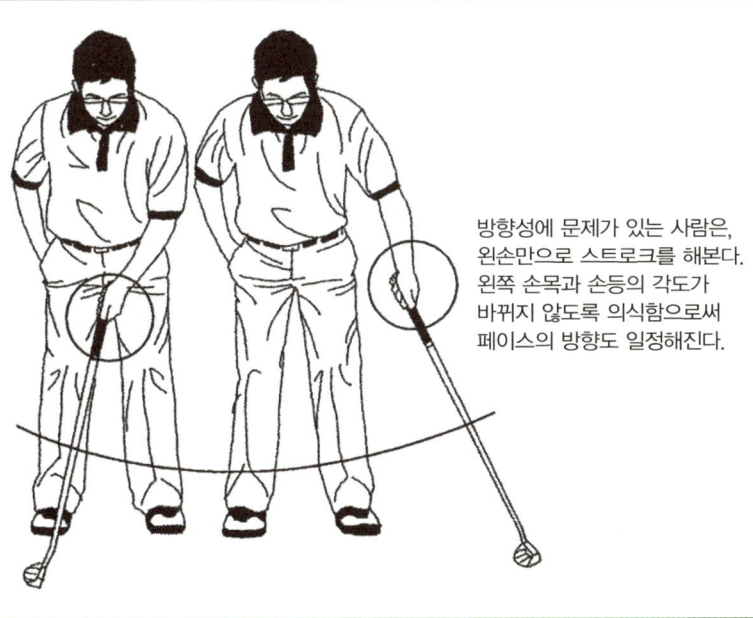

방향성에 문제가 있는 사람은, 왼손만으로 스트로크를 해본다. 왼쪽 손목과 손등의 각도가 바뀌지 않도록 의식함으로써 페이스의 방향도 일정해진다.

는 데 있다.

  오직 왼손만으로 퍼터를 들고, 어디까지나 페이스의 방향이 바뀌지 않도록 스트로크를 하려고 하면 손목의 각도를 유지하면서 몸과 팔을 일체화하여 스트로크를 하는 수밖에 없다. 필연적으로 '큰 근육'을 사용하게 되고, 방향성이 한층 안정된다.

  타깃까지의 거리는 2~3미터면 된다. 손끝으로 볼을 탁 하고 치는 것이 아니라 어디까지나 스트로크로 볼을 목표로 한 방향으로 밀어낸다는 이미지가 중요하다!

'티펙 게이트'를 통과시킨다
▶

프로 골퍼는 퍼팅 연습에도 다양한 방법을 도입하고 있다. 아마추어는 시종일관 오직 홀을 목표로만 연습에 몰두하는 경향이 있는데, 그래서는 금방 무료해진다. 골프가 직업인 프로는 무료해서는 안 된다. 때문에 연습과 놀이를 겸해 지루하지 않으면서도 효과적인 연습 메뉴를 궁리한다.

  여기서는 가르시아를 비롯하여 일본이나 미국 프로 골퍼들이 종종 하고 있는 숏 퍼트 연습법을 소개하겠다.

  타깃에 대해 퍼터 페이스를 스퀘어로 세트했다면 퍼터 헤드의 토우 쪽(앞)과 힐 쪽(뒤)에 티펙을 꽂는다. 그리고 그 '게이트'를 퍼터 헤드가 닿지 않고 통과하도록 스트로크를 하는 연습 방법이다.

숏 퍼트는 스퀘어로 임팩트했다면 그대로 퍼터 헤드를 타깃 방향으로 똑바로 보내는 것이 요령이다. 스퀘어한 '게이트'를 만들고, 그곳을 퍼터 헤드가 통과하도록 스트로크하면 자연스럽게 스퀘어한 임팩트와 팔로스루를 할 수 있게 된다는 뜻이다.

게이트에 닿지 않도록 스트로크를 하기 위해서는 헤드의 궤도가 조금이라도 벗어나서는 안 된다. 이 연습은 퍼터의 가운데로 볼을 포착하는 효과도 있다.

처음에는 게이트의 폭을 넓게 해두고 점점 좁혀 가는 것이 좋다.

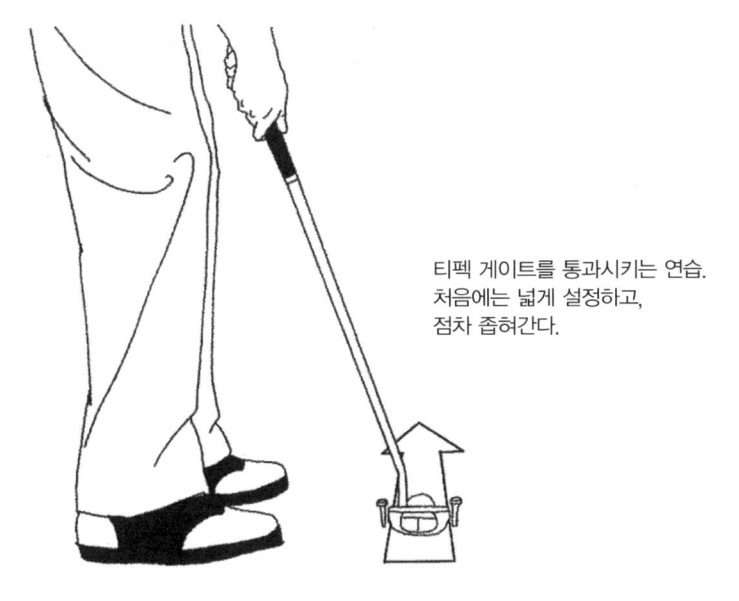

티펙 게이트를 통과시키는 연습.
처음에는 넓게 설정하고,
점차 좁혀간다.

2개의 볼을 동시에 친다

▶

이 방법은 이전에 세리자와 노부오 프로가 TV에서 소개한 연습 방법이다.

2개의 볼을 퍼터 헤드의 토우 쪽과 힐 쪽에 두고 동시에 친다.

페이스가 스퀘어로 유지된 채 칠 수 있다면 2개의 볼은 동시에 똑바로 굴러간다. 그러나 스트로크의 궤도가 잘못되거나 손목을 사용하여 조금이라도 페이스의 방향이 기울어지게 되면 한쪽 볼이 먼저 굴러가기 시작하고, 굴러가는 방향도 잘못된다.

이 연습의 의미는 볼이 굴러가는 쪽을 보면 스트로크의 나쁜 버

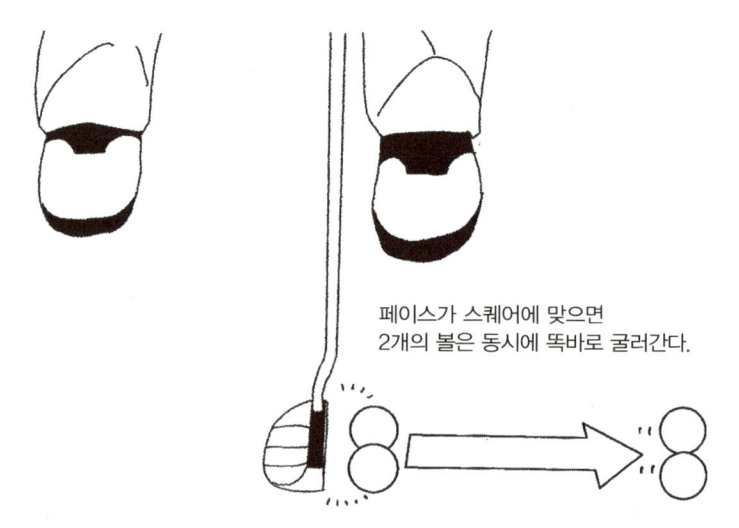

페이스가 스퀘어에 맞으면
2개의 볼은 동시에 똑바로 굴러간다.

릇을 알 수 있다는 점이다.

- 토우 쪽 볼이 먼저 굴러간다……임팩트를 할 때 페이스가 클로즈 되어 있다. 이른바 '걸림.'
- 힐 쪽의 볼이 먼저 굴러간다……임팩트를 할 때 페이스가 오픈 되어 있다. 이른바 '밀어냄.'

양쪽 모두 클로즈나 오픈의 정도가 심해지면 볼에 좌우 회전이 한층 가속되어 굴러가는 방향이 크게 잘못된다.

이 연습에서 자신의 나쁜 버릇을 발견할 수 있다면 올바른 스트로크를 몸에 익힐 수 있는 계기가 된다. 이 책에서 '자세'나 '스트로크' 장을 읽고 어디가 잘못됐는지 체크해보기 바란다.

오른손만으로 스트로크를 한다

아니카 소렌스탐은 스타트 전에 다음과 같은 퍼팅 연습을 한다.

우선 좋은 스트로크를 하겠다는 생각만 하고, 1미터의 거리를 오른손만으로 50~100타 친다. 다음은 홀에서 2미터, 3.5미터, 5미터 라인에서 퍼트를 각 1타씩 친다. 이를 홀 주변에 원을 그리듯이 진행해가며, 6개 라인에서 퍼팅을 한다(3타×6개 라인에서 합계 18타). 이를 1세트로 하여 몇 세트를 반복해서 연습했다면 마지막에 롱 퍼트 연습을 실행한다.

스타트 전 연습으로서는 시간이 꽤 걸린다. 특히 맨 처음 오른손만으로 스트로크를 하는 연습에서 50~100타나 치니 놀라울 정도다.

왜 오른손 연습을 이렇게 꼼꼼하게 하는 것일까? 아니카 소렌스탐에 따르면 '오른손은 퍼트의 주체가 되는 손이며, 스트로크의 스피드를 컨트롤하는' 역할을 하기 때문이라고 한다.

이 연습에 대해서는 프로들 사이에서도 의견이 꽤 분분하다.

왜냐하면 스트로크의 주체를 오른손이라고 생각하면 등처럼 '큰 근육'을 사용하는 것을 잊기가 쉽기 때문이다.

그렇지만 '골프의 여왕'이 이러한 연습법으로 우승을 한 것은 명백한 사실이다. 오른손만으로 스트로크를 하는 연습은 스타트 전 연습 그린에서가 아닌 자택 퍼터 매트에서도 할 수 있다. 이 연습법을 받아들일지 말지는 당신 자신이 결정하기 바란다.

헤드업 방지를 위해 티펙을 꽂는다

앞에서 퍼팅이 능숙한 골퍼는 임팩트 후에도 볼이 있던 곳을 주시한다는 이야기를 한 적이 있다. 절대로 헤드업을 하지 않는다는 뜻이다. 그런 습관을 몸에 익힐 수 있는 적당한 연습법이 있다.

방법은 매우 간단하다. 볼 바로 뒤(오른쪽)에 티펙을 깊게 꽂고 1~2밀리미터 정도 머리를 남겨둔다. 그리고 티펙의 머리에 닿지 않도록 스트로크를 한다.

 핵심은 볼을 친 다음에도 티펙의 머리를 주시하는 것이다. 실전 퍼팅에서는 볼을 친 다음 '주시할 대상'이 없기 때문에 헤드업을 하기 쉽다. 그러나 티펙이라는 주시할 구체적인 대상이 있으면 헤드업을 잘 하지 않게 된다.

 티펙의 머리에 닿지 않도록 스트로크를 하는 것은 뒤땅(duff)을 방지할 뿐만 아니라 퍼터 가운데로 볼을 치는 연습도 된다. 퍼터 가운데로 볼을 칠 때 바닥과 솔의 간격은 3밀리미터 정도이므로 티펙의 머리 부분에 닿지 않고 칠 수 있으면 퍼터 가운데로 볼을 칠 확률이 높아진다.

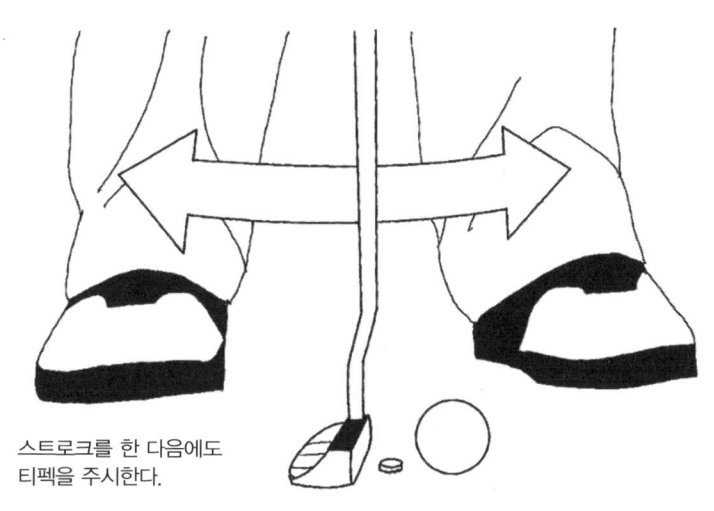

스트로크를 한 다음에도 티펙을 주시한다.

다만 티펙에 닿지 않게 하려고 너무 의식한 나머지 토핑으로 쳐서는 안 된다. 티에 닿을락 말락 하는 높이에서 힐을 통과시킬 수 있도록 연습하는 것이 좋다. 자택 퍼터 매트에서 하는 연습이라면 볼 뒤에 코인을 두고 연습하면 된다.

왼쪽 눈을 감고 스트로크를 한다
▶

퍼팅을 할 때 헤드업을 하게 되는 이유는 볼이 컵인할지 어떨지 결과에 신경을 쓰기 때문이다. 그래서 치는 순간 나도 모르게 눈으로 볼을 좇게 되고 머리까지 들어 올리고 마는 것이다.

볼을 눈으로 좇는 때는 임팩트 후 한 호흡 쉬고 나서이다. 이론상으로는 머리만 움직이지 않으면 볼을 눈으로 좇아도 괜찮지만 임팩트를 하고 잠시 동안 볼이 있던 곳을 주시한다는 의식이 없으면 거의 헤드업을 해버린다.

타이거 우즈는 왼쪽 눈을 감은 채 스트로크 연습을 한다고 한다. 이렇게 하면 왼쪽 시야가 좁아지기 때문에 타깃 방향을 보기 어려워진다. 그만큼 볼만 바라보는 일에 전념할 수 있다는 뜻이다.

필시 타이거 우즈에게 익숙한 눈은 오른쪽 눈일 것이다. 퍼팅에서는 익숙한 눈으로 볼을 보는 것이 중요하다고 하는데, 대부분 오른쪽 눈이 익숙하다는 의미에서도 이치에 맞는 말이다.

③ 거리감과 터치가 좋아지는 연습

거리감을 갖는 스타일을 알아낸다

이 책에서는 신체의 큰 근육을 사용한 '시계추 식' 퍼팅을 권장하고 있다. 손목을 사용하지 않고 어디까지나 스트로크의 크기로 거리를 내는 방법이다.

그러나 퍼팅에는 이 방법만 있는 게 아니다. 골퍼에 따라서는 임팩트의 힘 조절로 거리감을 내는 사람도 있고, 스트로크의 크기와 임팩트 시 힘 조절을 미묘하게 결합해 거리감을 갖는 사람도 있다. 요컨대 결과적으로 자신이 생각했던 거리만큼 칠 수만 있다면 그 방법은 그 사람에게 적합한 것이다.

중요한 것은 자신에게 어떤 방법이 베스트인지 아는 것이다. 그것을 알아냈다면 그 방법을 갈고닦으면 된다.

자신의 스타일 같은 것을 지금까지 의식한 적이 없는 사람도 있을 것이다. 그런 사람은 스트로크 크기와 힘 조절, 이 두 가지 방법으로 다음 사항을 시도해보면 좋다.

맨 처음에는 2미터, 4미터, 6미터…처럼 2미터씩 거리를 늘려가며 퍼팅을 하고, 다음에 10미터, 8미터, 6미터… 식으로 2미터씩 거리를 좁혀가면서 퍼팅을 해본다. 거리가 잘 맞는 방법이 당신에게 가장 좋은 스타일이다.

같은 거리를 반복해서 친다
▶

연습 그린에서는 자기 나름대로의 거리감 표준, 즉 '이 정도 터치(스트로크 크기)로 치면 이 정도 스피드로 ○○미터 정도 굴러간다.' 라는 목표가 없으면 그날의 그린이 빠른지 느린지 알 수 없다는 말을 앞에서 했다.

여기서는 그 표준을 만들기 위한 연습 방법을 소개하겠다.

거창하게 말했지만 방법은 매우 간단하다. 먼저 평평한 면을 선택하고 타깃을 설정하지 않고 기분 좋게 스트로크를 해본다. 그때 볼이 5미터 굴러가다 멈췄다고 하자. 그렇다면 다음에는 그 볼을 타깃으로 하여 몇 번 정도 퍼팅해본다. 타깃의 볼을 보지 않더라도 모두 같은 거리에서 멈출 수 있게 되면 신체 중에 나름대로 거리감의 기준(이 경우는 5미터의 기준)이 생긴 것이다.

물론 다른 코스에서 라운드를 할 때나, 같은 그린이라도 기상 조건이나 잔디 상태 등에 따라 기준을 다소 수정해야 할 것이다.

그러나 자신의 신체 중에 '5미터는 이런 느낌' 이라는 거리감의 기준이 생기게 되면 다른 수정 사항은 별로 어렵지 않다. 예를 들면 빠른 그린이라면 '5미터를 4미터라는 생각으로', 느린 그린이라면 '5미터를 6미터라는 생각' 으로 치면 되기 때문이다.

전에 연습 그린에서는 '오늘의 5미터' 의 터치를 재빨리 파악하는 것이 중요하다고 했는데 자기 나름대로 5미터의 기준이 있으면 '오늘의 5미터'를 설정하는 일도 그렇게 어렵지는 않을 것이다.

거리를 말하면서 스트로크를 한다
▶

앞에서 5미터의 기준이 있으면 10미터는 그 2배, 7미터는 1.4배 크기(터치)로 스트로크를 하면 된다고 했다.

그렇지만 처음에는 1.4배라는 수치가 어느 정도인지 좀처럼 이미지가 떠오르지 않는다. 따라서 거리의 기준은 하나가 아니라 몇 개가 있으면 더 좋다.

여기서 이런 연습을 해본다.

퍼팅 거리를 2미터, 4미터, 6미터로 2미터씩 연장해 10미터까지 갔다면 이번에는 8미터, 6미터…로 2미터씩 거리를 짧게 해서 친다.

이때 중요한 것은 지금부터 치려는 거리를 마음속으로 외치는 것이다.

이 연습을 몇 번 반복하고 나면, '6미터'라고 말하면 신체도 6미터를 칠 자세를 만들 준비를 한다. 말하자면 퍼팅 판에서 당신은 '파블로프 실험의 개'(개에게 먹이를 주기 전에 종을 울리면 나중에 종소리만 울려도 침을 흘림)가 되는 것이다. 이렇게 2미터 단위로 자유자재로 칠 수 있게 되면 모든 퍼트는 홀을 중심으로 반경 1미터의 원 안으로 정착하게 된다. 3퍼트 하는 일은 좀처럼 생기지 않는다는 뜻이다.

볼이 아닌 타깃을 보면서
스트로크를 한다
▶

베테랑 싱글 플레이어 중에는 퍼팅을 하기 전에 홀까지의 거리를 일일이 도보로 측정하지 않는 사람이 있다. 경사와 라인을 확인하고는 재빨리 퍼팅을 한다. 그런데도 거리감에 거의 착오가 없어 보는 사람들이 탄복한다.

그런 골퍼는 '눈썰미'가 좋다고 할 수 있다. 눈썰미란 홀까지의 거리를 눈으로만 보고 재빨리 판단하여 그에 맞는 스트로크를 할 수 있는 능력이라고 할 수 있다.

눈썰미를 기르기 위해서는 볼이 아닌 타깃을 보면서 스트로크를 하는 연습법이 있다.

타깃을 보면서 스트로크를 하는 것은 야구에서 투수가 포수의 미트(글러브)를 겨냥해 볼을 던지는 것과 같은데, 매우 자연스러운 연습 방법이다. 자세가 올바르면 볼을 잘 칠 수 있다. 타깃을 보면서 스트로크를 하면 자연히 눈썰미를 기를 수 있을 것이다.

스트로크를 한 순간에
결과를 예상한다
▶

롱 퍼트를 치고 나서 시선을 아래를 두고(절대로 홀을 보지 않고), 그 결과를 예상하는 연습 방법이 있다.

스트로크를 했다면 그때의 감각과 볼의 방향을 기초로 '홀 앞 1미터, 짧음' '홀 오른쪽 50센티미터' '컵인!' 이라고 소리 내어 말한다.

결과를 정확하게 예상하기 위해서는 당신 안에 거의 완벽한 거리 기준이 있고, 라인대로 칠 수 있는지 아닌지 판단하는 능력이 있어야 한다.

예상이 잘 들어맞으면 당신의 퍼팅 솜씨는 싱글 수준이라 할 수 있다. 이 방법은 동료들과 게임으로 즐길 수도 있다.

강한 퍼트와
저스트 터치 퍼트를 반복한다

▶

휘어지는 라인의 경우 홀 입구는 하나가 아니다. 예를 들면 3미터를 평상시대로 치면 컵 1개분 정도 오른쪽으로 휠 수 있는 라인에서는,

1. 홀 건너편 안쪽에 맞아 들어갈 것 같은, 잘 쳤을 때의 입구(홀의 거의 정면).
2. 평소대로 스트로크했을 때의 입구(홀의 정면 약간 왼쪽).
3. 마지막 한 바퀴만 구르면 들어갈 것 같은 터치 때의 입구(홀의 왼쪽).

이렇게 세 가지가 있다.

같은 홀에서도
강하게 치는 입구,
일반적인 스트로크의 입구,
마지막 한 바퀴만 구르면
들어갈 것 같은 입구를
떠올리며 쳐본다.

이 세 개 입구를 겨냥해 터치와 볼의 방향을 바꾸면서 순서대로 친다.

자신도 모르는 사이에 미묘한 거리감을 몸에 익힐 수 있고, 터치와 볼의 관계도 알 수 있다.

④ 집에서 할 수 있는 연습

퍼터 가운데로 볼을 치는 연습

집에서 퍼팅 연습을 할 경우, 대부분 퍼터 매트나 카펫 위에서 연습할 것이다. 거리는 3미터 정도. 물론 휘어지는 라인은 연습할 수 없다. 혼자 할 수 있는 연습 메뉴는 한정되어 있지만 가장 추천할 만한 것은 퍼터 가운데에 볼을 맞추는 연습이다.

여기에는 두 가지 방법이 있다. 하나는 다음 일러스트처럼 퍼터 페이스에 짧게 자른 나무젓가락을 테이프로 붙여 스트로크하는 것이다. 퍼터 가운데를 조금이라도 빗나가면 나무젓가락이 볼에 맞기 때문에 똑바로 굴러가지 않는다.

또 하나는 볼의 정중앙 부분에 유성 펜으로 선을 그어, 그것을 굴리는 것이다. 가운데를 친 볼은 순회전을 하지만, 볼의 적도 부분에 선이 그려져 있으면 순회전을 하고 있는지 아닌지, 가운데로 쳤는지 아닌지를 한눈에 알 수 있다.

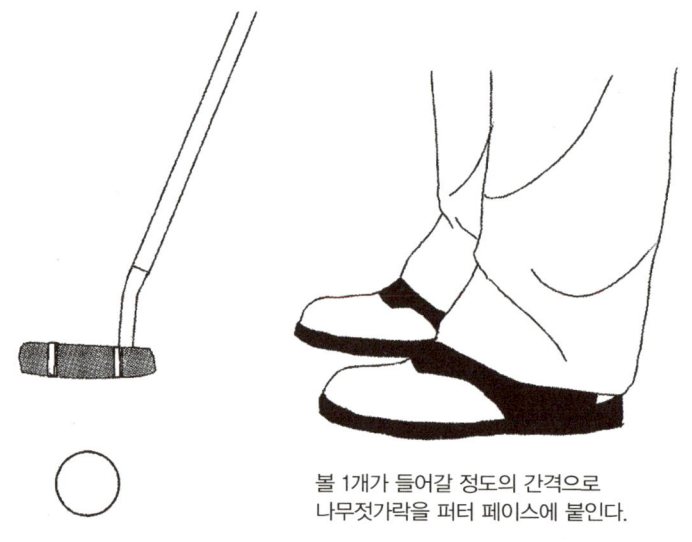

볼 1개가 들어갈 정도의 간격으로
나무젓가락을 퍼터 페이스에 붙인다.

벽에 머리를 대고 스트로크를 한다

▶

벽에 머리를 대고 스트로크를 하는 연습이다. 헤드업을 방지할 수 있을 뿐만 아니라 지지점이 움직이지 않기 때문에 올바른 스트로크를 마스터할 수 있다.

거울 앞에서 스트로크를 한다

연습장 거울 앞에서 섀도 스윙을 하는 사람이 종종 있는데 거울로 자신의 폼을 체크하는 것은 퍼팅에도 유효하다.

- 양팔과 어깨의 삼각형(오각형)은 무너지지 않았는가.
- 손목을 사용하고 있지 않은가.
- 자세가 너무 부자연스럽지 않은가.

이처럼 라운드 중에는 전혀 눈치 채지 못하는 나쁜 습관이나 흐트러진 폼을 체크할 수 있다.

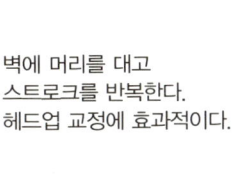
벽에 머리를 대고
스트로크를 반복한다.
헤드업 교정에 효과적이다.

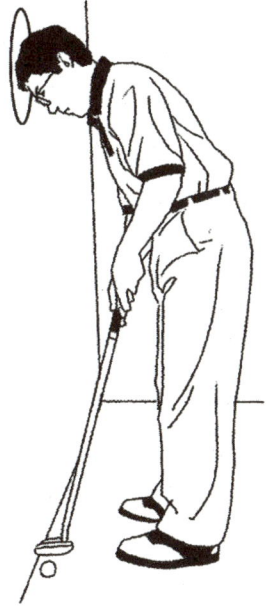

질리지 않는
연습 기구를 사용한다

퍼팅을 잘할 수 있는 최고의 방법은 매일 퍼터를 잡고, 퍼터 매트 위에서라도 좋으니 하루 10분 정도 볼을 굴리는 것이다.

그러나 솔직히 퍼터 매트에서 볼을 굴리는 일은 5분만 지나도 싫증이 난다.

그런 점에서 때로는 연습 기구를 사용해보는 것도 좋다.

싱글들 사이에서 '어렵지만 질리지 않는다.' 라고 입증된 기구 두 개를 소개한다.

• 레일(YES!)

불과 1미터밖에 안 되는 스테인리스 '레일'이다.

'레일'이라고는 해도 표면은 평평하고 폭은 2.8 × 2.3센티미터밖에 안 된다.

이 가늘고 반들반들한 레일 위에서 마지막까지 볼을 굴리기 위해서는 볼이 퍼터 가운데에 맞아야 하고 또한 방향성도 완벽해야 한다. 프로용으로 개발된 기구로, 5회 연속 성공시킨다면 최고!

• 고수가 되는 홀(료마 골프)

실물 크기의 홀 주변에 고무로 된 완만한 경사가 붙어 있다.

가운데를 맞추지 못한 볼(순회전하지 않은 볼), 실제 그린에서 홀을 40센티미터 이상 오버하는 볼, 홀에 겨우 들어갈 정도의 볼은 들어가지 않도록 되어 있다. 컵인 확률은 실제 홀보다 30퍼센트 낮게 설계되어 있다.
　퍼터 매트나 카펫 위에 놓아두기만 하면 된다.

마지막으로

이 책을 읽고 눈이 번쩍 뜨일 만한 내용이 하나라도 있다면 즉시 다음 라운드에서 실행해보기 바란다. 반드시 당신의 스코어가 줄어들 것이다.
　또한 앞으로 퍼팅에 대해 고민할 때도 답은 이 책 안에 반드시 있을 것이다. 이 책이 '퍼팅의 바이블'로서 자리매김하기를 염원한다.